La Magie de JELL-O*

DESSERTS ET GOÛTERS

Copyright © 1997 MGR Publishing & Promotions Inc.
Toronto, Canada

Photographies : Clive Champion, Chris Freeland, Robert Wigington
Stylistes des aliments : Joan Ttooulias, Dennis Wood, Clare Stancer
Styliste des accessoires : Karen Martin
Correctrice : Mary Merlihan
Version française : Louise Boyer, Jocelyne Gingras
Couverture, conception et direction artistique :
Dave Hader/Studio Conceptions

Photo de la page couverture :
Fruits étincelants dans la gelée Fraise-Kiwi.

Remerciements :

Parmi les personnes qui ont aidé à produire ce livre, nous voulons remercier tout spécialement Cécile Girard-Hicks, directrice des Cuisines JELL-O et son personnel enthousiaste de professionnelles de l'alimentation comprenant : Barb Martyn, Michele McAdoo, Maxine Karpel, Susanne Stark, Marian Macdonald, Marilynn Small, Judy Welden et Jane Carman.

Des questions ? Appelez la ligne JELL-O. Une professionnelle en alimentation faisant partie du personnel empressé des Cuisines JELL-O vous répondra.

La ligne JELL-O est ouverte du lundi au vendredi de 9 h à 16 h (HE). Pour toute question ou commentaire, n'hésitez pas à composer sans frais le 1-800-268-7808.

Données de catalogage avant publication (Canada)

Vedette principale au titre :
La magie de JELL-O

Édition canadienne.
Publié aussi en anglais sous le titre : **The magic of JELL-O.**
Comprend un index.
ISBN 0-9681850-1-0

1. Cuisine (Gélatine). 2. Desserts.

TX814.5.G4M3214 1997   641.8'64   C97-900204-4

Imprimé au Canada

La Magie de JELL-O*

DESSERTS ET GOÛTERS

100 recettes nouvelles et favorites
pour célébrer 100 ans de plaisir avec **JELL-O***

▼ ▼ ▼

MGR Publishing & Promotions Inc.

Toronto, Canada

L'équipe du tonnerre qui a mis beaucoup d'efforts pour réaliser ce livre. De gauche à droite : Susanne Stark, Cécile Girard-Hicks, Michele McAdoo, Barb Martyn.

Chers amateurs et amatrices de JELL-O,

Nous vous invitons à célébrer avec nous ce moment historique de JELL-O.

JELL-O a maintenant cent ans, mais il nous fait plaisir de croire qu'il reste encore jeune dans l'esprit de tous. Pour marquer l'occasion, nous avons recueilli pour vous les cent meilleures idées JELL-O et les avons rassemblées dans ce livre de recettes commémoratif.

Nous ne connaissons aucun aliment qui soit aussi populaire depuis tant d'années pour autant de personnes de tous les âges. Rien ne se compare à la sensation de JELL-O dans la bouche, rien ne danse comme JELL-O dans l'assiette. Rien ne peut se transformer de simple à élégant aussi facilement.

Ce livre met en vedette les recettes classiques JELL-O qui ont fait partie de votre jeunesse ainsi que les plus récents produits et de nouvelles recettes. Vous y trouverez notre gamme de gelées et de goûters au pouding prêts-à-manger accompagnée de recettes simples et sensationnelles comme la bagatelle ou les coupes cappuccino.

Il y a, entre autres, un chapitre pour les novices, un autre pour les experts, un chapitre spécial pour les enfants et aussi pour ceux et celles qui se soucient de leur santé, appelé Délices légères. (Il est rassurant de savoir que la poudre pour gelée JELL-O est sans gras et très faible en calories.)

Toutes les recettes du livre ont été testées dans nos cuisines pour s'assurer que tout est très simple, et comme nous savons que vous aimez voir le résultat, chaque recette est accompagnée d'une photo.

Toute la magie de JELL-O est réunie dans ce recueil pour vous la faire découvrir à nouveau. Nous espérons que vous aurez autant de plaisir à préparer ces recettes que nous avons eu à les rassembler.

De la part des spécialistes en alimentation des Cuisines JELL-O.

Table des matières

JELL-O
reste le dessert le plus frais après cent ans

Depuis cent ans, la poudre pour gelée **JELL-O** se trémousse sur les tables canadiennes en toute occasion. Aujourd'hui, si on les plaçait bout à bout, les 299 millions d'emballages de poudre pour gelée **JELL-O** produits chaque année en Amérique du Nord feraient les trois-cinquièmes du tour du globe. Plus de 150 000 emballages de poudre pour gelée **JELL-O** sont achetés chaque jour au Canada. La marque **JELL-O** offre aussi de la poudre pour gelée en saveurs légères réduites en calories, des poudings cuits et instantanés ainsi que des goûters individuels à la gélatine et au pouding.

L'histoire de **JELL-O** a commencé il y a plus de cent cinquante ans. En 1845, un industriel américain du nom de Peter Cooper, inventeur et philanthrope, obtient le premier brevet pour un dessert à la gélatine. Bien que Cooper emballe sa gélatine dans de jolies petites boîtes avec le mode d'emploi, il ne réussit pas à en vendre beaucoup. Les cuisinières utilisent toujours les feuilles de gélatine préparée qui doivent être clarifiées en les faisant bouillir avec des blancs et des coquilles d'oeufs, puis passées à travers un sac à gelée pour finalement se transformer en gelées étincelantes.

Des débuts difficiles

En 1897, cinquante-deux ans après que Cooper obtient son brevet, Pearl B. Wait, un charpentier et fabricant de sirop pour la toux de LeRoy dans l'état de New York, décide de partir une compagnie de produits alimentaires. Il trouve une version aromatisée aux fruits de la gélatine de Cooper; c'est ainsi qu'il commence à produire les saveurs de fraise, de framboise, d'orange et de citron. Comme les noms de produits se terminant par « O » sont en vogue à l'époque, sa femme May Davis Wait le baptise « **JELL-O** ». Pendant près de deux ans, Pearl Wait essaie de vendre le produit **JELL-O** porte-à-porte, mais il n'a ni le capital ni l'expérience nécessaires. Frustré, il vend l'entreprise **JELL-O** en 1899 à son voisin, Orator Francis Woodward, pour 450 $. Ce dernier, un entrepreneur qui vendait déjà avec succès la boisson de céréales « Grain-O », fonde quelques années plus tard l'entreprise Genesee Pure Food Company. Les ventes de la première année sont tellement désastreuses qu'un jour, après avoir aperçu les caisses de **JELL-O** empilées en faisant le tour de l'usine, il offre l'entreprise à son contremaître pour 35 $, niveau bien bas pour le jeune produit. L'offre est refusée. Au tournant du siècle, la marque **JELL-O** connaît un regain de vitalité. Les stratégies de vente et de distribution d'échantillons de Woodward commencent à porter fruit et **JELL-O** entre dans la tradition canadienne.

La petite fille JELL-O

La première marque de commerce de **JELL-O**, la petite fille **JELL-O**, fait ses débuts en 1903 lors de la deuxième campagne publicitaire de Woodward. Elizabeth King, fille de Franklin King, artiste pour l'agence de publicité de Genesee Pure Food Company, y apparaît jouant dans sa salle de jeux avec des paquets de **JELL-O**. La petite fille **JELL-O** est la pierre angulaire de la campagne publicitaire de **JELL-O** pendant plusieurs années au Canada et apparaît souvent avec le slogan « JELL-O, le dessert le plus célèbre au Canada ».

Première usine canadienne de JELL-O à Bridgeburg en Ontario

En 1906, les ventes canadiennes de **JELL-O** étant

▼ ▼ ▼ ▼ ▼ ▼ ▼

à la hausse, Genesee Pure Food Company décide de construire une usine à Bridgeburg en Ontario, maintenant secteur de Fort Érié, pour s'occuper de la production canadienne. La nouvelle usine est très moderne et dans une série d'annonces, on y invite le public.

Kewpie* vend la marque JELL-O

En 1908, l'artiste Rose O'Neil, qui avait créé les fameuses poupées Kewpie, modernise le look du produit **JELL-O** en mettant l'une de ses créations sur l'emballage. Plusieurs annonces Kewpie au Canada font la promotion de la marque **JELL-O**, le parfait dessert pour les enfants — facile à faire, sucré et délicieux. Durant cette période, les annonces présentent aussi la poudre pour gelée **JELL-O** comme un bon choix pour les malades, enfants comme adultes. La poudre pour gelée **JELL-O** est approuvée par les inspecteurs et par les médecins; on chante ses louanges en tant qu'aliment pur, nourrissant et appétissant, et on prescrit la poudre pour gelée sans sucre aux diabétiques.

Le premier livre de recettes JELL-O au Canada

En 1911, le premier livre de recettes canadien est produit. Il met l'accent sur la facilité de préparation, le faible coût, la pureté, la perfection et la variété des saveurs qui peuvent être utilisées pour créer des desserts délicieux. L'emballage de **JELL-O** est modernisé en 1914 avec un équipement automatique et un nouveau sac de papier ciré qui ferme sans couture, plus efficace pour empêcher l'humidité de pénétrer.

Des changements majeurs dans les années vingt

En 1923, Genesee Pure Food Company change de nom pour la Compagnie **JELL-O** du Canada pour protéger sa fameuse marque, et la production cana-

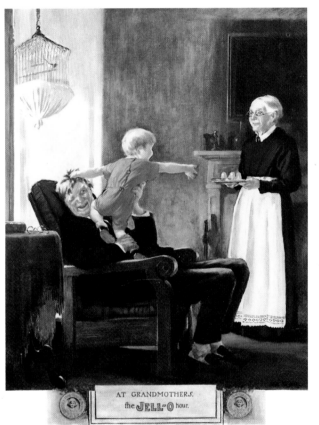

AT GRANDMOTHER's.
the JELL-O hour.

dienne de **JELL-O** déménage de Bridgeburg, en Ontario, à Montréal. La même année, la Compagnie **JELL-O** fait l'acquisition de la poudre à pouding Genesee, compagnie qui fabrique des mélanges de pouding à la vanille, au citron, au caramel écossais et au chocolat pour le marché institutionnel. En 1925, La Compagnie Postum achète la Compagnie **JELL-O**, ce qui forme le noyau de la future Compagnie General Foods. La publicité pour la marque **JELL-O** dans les années vingt présente certaines des plus belles illustrations d'aliments jamais créées. Des artistes remarquables comme Norman Rockwell illustrent la facilité de faire de la poudre pour gelée **JELL-O** dans des scènes familiales attrayantes, comme la petite fille démoulant une douceur au **JELL-O** pour sa poupée et une grand-mère préparant des desserts **JELL-O** pour ses petits-enfants. L'exubérance des Années folles se reflète dans les recettes comme le Champagne pétillant aux pêches, la Salade perfection et les Tranches d'oeufs en gelée.

Le temps des salades et de la lime

À la fin des années vingt et au début des années trente, les salades en gelée gagnent en popularité et près du tiers des recettes de salade dans les livres de recettes sont à base de gélatine. C'est ainsi que le **JELL-O** aromatisé à la lime fait son apparition en 1930, une saveur qui convient parfaitement aux salades, aux hors d'oeuvre et aux relishs. L'arrivée du réfrigérateur électrique a beaucoup stimulé les ventes de la marque **JELL-O** en rendant plus facile, et deux fois plus rapide, la préparation de mets préférés pour la famille comme La salade du midi, le Plum pudding et les desserts moulés géométriques reflétant l'époque de l'art déco.

Les années Benny

« Encore du **JELL-O** » devient une phrase célèbre

sur les ondes radiophoniques avec Jack Benny, Mary Livingston, Don Wilson; à partir de 1934, on peut entendre l'inoubliable chanson **J-E-L-L-O** dans des millions de foyers tous les dimanches soir et ce, pendant dix ans. En septembre 1936, les disques Decca sortent « A Fine Romance » chantée par Bing et Dixie Lee Crosby et son orchestre. Écrite par Dorothy Fields et Jerome Kern pour le film « Swing Time », le numéro comprend les mots « You take romance, I'll take **JELL-O** ».

La marque JELL-O va à la guerre

Durant la deuxième guerre mondiale, les Canadiennes font des tartes ayant une seule croûte pour économiser le shortening et le sucre qui sont rationnés. La poudre pour gelée et le pouding **JELL-O** sont alors idéals comme garnitures à tarte puisqu'ils ont beaucoup de saveur et demandent peu d'ingrédients supplémentaires.

Les joviales années cinquante

N'étant plus présenté comme un ingrédient pour allonger les recettes, la marque **JELL-O** se fait plus joviale dans les années cinquante en devenant une gâterie et un dessert de fête. En 1953, le pouding instantané **JELL-O** est introduit au Canada dans les saveurs de chocolat, de vanille et de caramel écossais. Reconnaissant le double rôle de ses produits de pouding, General Foods décide, en 1955, de promouvoir cette gamme de produits en la baptisant du nom de pouding et garniture pour tarte. Les nouvelles saveurs de poudre pour gelée **JELL-O** — pomme, cerise noire et framboise noire font leur apparition durant cette période. En 1959, la marque **JELL-O** commence à offrir des emballages familiaux plus gros dans les saveurs populaires de fruits rouges comme la fraise, la framboise et la cerise.

Les joies du JELL-O

Les années soixante voient la poudre pour gelée **JELL-O** prendre un nouvel essor avec un nombre accru de saveurs et d'expérimentations; les produits **JELL-O** avec fruits sont la principale promotion de la décennie. Le livre de recettes classique *Les joies du JELL-O*, publié en français et en anglais, est réimprimé et révisé à plusieurs reprises; il se vend à plusieurs millions d'exemplaires.

Plus c'est rapide, meilleur c'est

Dans les années soixante-dix, quand les femmes commencent à travailler de plus en plus à l'extérieur, « plus c'est rapide, meilleur c'est » devient l'attribut de la poudre pour gelée **JELL-O**. On offre aux consommatrices des raccourcis comme l'utilisation des glaçons, des fruits surgelés, de la crème glacée, du mélangeur et du bain de glace. On fait la promotion des salades de fruits et de légumes préparées à l'avance pour compléter le repas du soir; les tartes genre parfaits préparées avec du **JELL-O**, de la crème glacée et des fruits frais deviennent à la mode parce qu'elles sont faciles à faire. L'annonce de l'Arbre **JELL-O** à la télévision connaît beaucoup de succès à la fin des années soixante et dix. Elle montre des fruits en gélatine représentant les saveurs de **JELL-O** et des emballages **JELL-O** dans un arbre. On se rappelle encore la phrase, « Les enfants, descendez de l'arbre **JELL-O** ».

Cosby devient le porte-parole de la poudre pour gelée JELL-O

Au Canada anglais, Bill Cosby se joint aux efforts publicitaires en 1980, avec la campagne « Les enfants aiment le pouding ». Les ventes, qui étaient difficiles, se mettent à grimper au moment où la génération ludique commence à fonder des familles et à servir à ses enfants les aliments de son enfance. La relation entre Cosby et la marque **JELL-O** existe encore de nos jours.

Innovations dans les années 80 et 90

Les collations à la gélatine **Rigolos JELL-O** sont introduites en 1988, et le Centre Consommateurs reçoit de 150 à 200 appels par jour pour ces collations colorées pour les enfants. Les **Rigolos** amènent spontanément la création des **Bricollations**, des recettes qui encouragent les familles à préparer des gâteries amusantes en utilisant la poudre pour gelée et le pouding **JELL-O**. Ces inventions excitantes comprennent les Coupes de boue et les Sucettes glacées sans les gouttes.

Traditionnellement, la couleur bleue n'est pas très populaire dans les aliments, mais les enfants la trouvent « cool ». Lancée en 1992, la saveur Bleu fruité se vend à vingt et un millions d'emballages en Amérique du Nord durant sa première année. En 1995, les **JELS JELL-O** prêts-à-manger à température ambiante sont introduits, et au printemps de l'année suivante, la poudre pour gelée **JELL-O** à la canneberge fait son apparition, profitant de la popularité croissante de la saveur de canneberge.

JELL-O dans l'espace

En juin 1996, la marque **JELL-O** passe à l'histoire de l'ère spatiale. Selon un communiqué Reuters, l'astronaute américaine Shannon Lucid, lors d'une mission de 140 jours dans la station spatiale russe Mir, a révélé qu'elle gardait la notion du temps en mangeant de la poudre pour gelée **JELL-O** tous les dimanches. Après avoir servi un premier dessert **JELL-O** à ses camarades russes le jour de Pâques, elle a décidé d'en partager un sac avec eux tous les dimanches soir. « C'est la plus grosse amélioration aux séjours dans l'espace, depuis mon premier vol, il y a dix ans » écrit Lucid.

La tornade de 1997

Aujourd'hui, les consommateurs adorent la poudre pour gelée **JELL-O** parce qu'elle est à la fois une collation et un dessert fruité frais et rafraîchissant pour toute la famille. Elle est simple et rapide à préparer, et comme toujours, il n'y a aucun gras. Une nouvelle gamme de saveurs de poudres pour gelée **JELL-O** est prévue pour juillet 1997: la Tornade tropicale comprendra Fraise-Kiwi, Orange-Ananas, Fraise-Banane et Fiesta de Fruits. (La Fiesta de fruits sera disponible en gelée régulière et légère). Presque chaque seconde au Canada, quelqu'un achète un paquet de poudre pour gelée **JELL-O** et c'est pour cela qu'elle demeure un des desserts les plus renommés au Canada depuis cent ans.

*Kewpie Doll est une marque déposée de Cameo Doll Products Company., Inc.

LES TRUCS DU MÉTIER

Pour obtenir de meilleurs résultats lorsque vous préparez de la poudre pour gelée JELL-O comme indiqué sur l'emballage, suivez ces directives simples :

1. Pour préparer une gelée claire et uniformément prise, assurez-vous que la gélatine est complètement dissoute dans l'eau bouillante ou tout autre liquide bouillant avant d'ajouter le liquide froid. Pour vous aider à obtenir une dissolution complète des cristaux, utilisez une spatule en caoutchouc pour remuer.

2. Pour conserver la gelée préparée jusqu'au lendemain ou plus longtemps, couvrez-la pour l'empêcher de sécher.

3. Pour accélérer le temps de réfrigération, utilisez le bon récipient. Un bol ou un moule en métal refroidira la gelée plus vite que le verre. Des portions individuelles dans de petits moules ou de petits plats à dessert refroidiront plus vite que des grosses portions.

4. La méthode de prise en 30 minutes est une façon rapide de faire prendre la gelée. Consultez les indications sur l'emballage. N'utilisez pas cette méthode pour les gelées moulées.

5. Évitez d'ajouter à la gelée des ananas, des kiwis, des mangues ou des papayes, frais ou congelés. Ils contiennent un enzyme qui empêche la gelée de prendre.

6. Pour empêcher la formation d'une peau sur le pouding cuit, laissez refroidir 10 minutes après la cuisson, remuez et couvrez directement la surface du pouding d'une pellicule plastique. Réfrigérez 30 minutes, puis remuez et déposez dans des plats de service. Servez chaud ou froid. En passant, le pouding chaud est super délicieux.

7. Essayez de préparer de la gelée au mélangeur. Déposez 1 paquet (85 g) de poudre pour gelée JELL-O dans le récipient du mélangeur. Ajoutez 1 tasse (250 mL) d'eau bouillante. Mélangez à basse vitesse jusqu'à ce que la poudre soit dissoute, environ 30 secondes. Ajoutez 2 tasses (500 mL) de glaçons. Mélangez à haute vitesse jusqu'à ce que la glace soit fondue. Versez dans des coupes et réfrigérez 20 minutes. Ce procédé donne une gelée à deux étages.

TABLEAU DE RÉFRIGÉRATION DE LA GELÉE

Ce tableau sert de guide pour déterminer la consistance désirée et le temps de réfrigération approximatif.

QUAND LA RECETTE DIT :	CELA SIGNIFIE QUE LA GELÉE DEVRAIT ...	TEMPS DE PRISE POUR LA MÉTHODE RÉGULIÈRE	TEMPS DE PRISE POUR LA MÉTHODE EN 30 MINUTES	UTILISER POUR...
« Réfrigérer jusqu'à ce que la gelée épaississe légèrement »	Être de la consistance de blancs d'oeufs non battus	1 ¼ heure	de 3 à 5 minutes	Ajouter des ingrédients crémeux comme de la garniture fouettée, ou quand le mélange sera battu.
« Réfrigérer jusqu'à ce que la gelée soit prise mais non ferme »	Être collante au toucher et bouger quand le bol ou le moule est penché	2 heures	30 minutes	Étager les mélanges de gelée, comme pour les gelées moulées.
« Réfrigérer jusqu'à ce que la gelée soit ferme »	Ne pas être collante au toucher et ne pas bouger si le bol ou le moule est penché	Moules individuels, au moins 3 heures. Moules de 2 à 6 tasses, au moins 4 heures. Moules de 8 à 12 tasses, au moins 5 heures ou jusqu'au lendemain.		Démouler et servir.

▼ ▼ ▼ ▼ ▼ ▼

COMMENT RÉUSSIR LES GELÉES MOULÉES

LE MOULE

Utilisez des moules à gâteaux carrés ou ronds, des moules à cheminée ordinaires ou cannelés, des moules à pains, en métal ou en plastique ou des bols à mélanger en métal.

Pour déterminer le volume du moule, mesurez avec de l'eau en premier. La plupart des recettes indique la grosseur du moule nécessaire.

Pour faciliter le démoulage, vaporisez le moule d'enduit antiadhésif ou badigeonnez légèrement d'huile végétale avant de remplir de gelée.

Pour les gelées moulées, utilisez moins d'eau lors de la préparation. Pour un format de 4 portions, réduisez l'eau froide de ¼ tasse (50 mL). Les ajustements ont déjà été faits dans les recettes de ce livre.

Pour disposer des fruits ou des légumes dans un moule, réfrigérez légèrement la gelée jusqu'à ce qu'elle épaississe légèrement. Versez environ ¼ po (0,5 cm) de gelée dans le moule. Disposer les fruits ou les légumes de façon à former un dessin. Réfrigérez jusqu'à ce que la gelée soit prise mais non ferme, puis versez le reste de la gelée épaissie sur le dessin dans le moule.

Pour prévenir les dégâts, placez le moule sur un plateau au réfrigérateur avant de verser la gelée.

POUR DÉMOULER, laissez toujours épaissir la gelée jusqu'à ce qu'elle soit prise en la réfrigérant plusieurs heures ou jusqu'au lendemain.

Mouillez le bout des doigts et détachez délicatement la gelée des bords du moule. Ou, utilisez une petite spatule en métal ou un couteau pointu trempé dans l'eau chaude pour détacher le bord.

Trempez le moule dans l'eau tiède, non chaude, jusqu'au bord pendant environ 15 secondes. Retirez le moule de l'eau, tenez-le droit et secouez-le pour détacher la gelée. Ou, détachez délicatement la gelée des bords du moule.

Mouillez une assiette de service refroidie avec de l'eau. (Ceci permet de déplacer la gelée après le démoulage.) Placez l'assiette de service mouillée sur le dessus du moule. Retournez le moule et l'assiette; secouez légèrement pour détacher la gelée, en tenant le moule et l'assiette ensemble. Retirez délicatement le moule. Si la gelée ne se détache pas facilement, trempez de nouveau le moule dans l'eau tiède pendant quelques secondes. Centrez la gelée sur l'assiette de service.

▼ ▼ ▼

▼ ▼ ▼ ▼ ▼ ▼

AUTRES TRUCS DE PRÉPARATION

Faites toujours dissoudre la poudre pour gelée dans l'eau bouillante, en remuant 2 minutes pour vous assurer que les cristaux sont complètement dissous. Une spatule en caoutchouc aide à bien dissoudre les cristaux.

Pour la méthode de prise en 30 minutes, faites dissoudre 1 paquet (85 g) de poudre pour gelée dans 1 tasse (250 mL) d'eau bouillante. Ajoutez 2 tasses (500 mL) de glaçons. Remuez jusqu'à ce que la gelée épaississe, de 3 à 5 minutes. Retirez la glace non fondue. Réfrigérez 30 minutes.

Pour émietter la gelée, préparez la gelée comme indiqué sur l'emballage en réduisant la quantité d'eau froide à ¾ tasse (175 mL). Versez dans un plat peu profond et réfrigérez jusqu'à ce que la gelée soit prise, environ 2 heures. Émiettez la gelée avec une fourchette et déposez délicatement dans les plats, seule ou avec des fruits ou de la garniture fouettée.

Pour préparer des cubes de gelée, préparez la gelée comme ci-dessus pour émietter. Coupez la gelée en petits cubes, en utilisant un couteau tranchant préalablement trempé dans l'eau chaude. Pour retirer les cubes du plat, trempez brièvement le plat dans l'eau tiède et retirez les cubes avec une spatule en métal. Servez dans des plats avec de la garniture fouettée ou des fruits, si désiré.

Pour incorporer délicatement de la garniture fouettée à la gelée partiellement prise, utilisez une spatule en caoutchouc et incorporez délicatement en soulevant et en tournant, tout en prenant soin de ne pas « mélanger » mais « d'incorporer délicatement ». Pour un mélange lisse, assurez-vous que la gelée soit légèrement épaisse, pas trop prise, sinon votre mélange aura des grumeaux.

Pour fouetter la gelée, préparez la gelée comme indiqué sur l'emballage. Réfrigérez jusqu'à ce qu'elle épaississe légèrement. Battez au batteur électrique à haute vitesse jusqu'à ce que la gelée soit légère et mousseuse, environ 3 minutes. Ou utilisez la méthode de prise en 30 minutes jusqu'à ce que la gelée épaississe légèrement et battez comme ci-dessus.

▼ ▼ ▼

Du plaisir pour les enfants

Les abeilles Mûres Mûres

Préparation : 15 minutes   Réfrigération : 1 heure

1 paquet	(85 g) de poudre pour gelée JELL-O, Mûre Mûre	1 pqt
1 paquet	(format 4 portions) de pouding instantané JELL-O à la vanille	1 pqt
10	gaufrettes au chocolat	10

Lacets de réglisse noire

▼ **PRÉPARER** la poudre pour gelée comme indiqué sur l'emballage, en réduisant l'eau froide à ½ tasse (125 mL); verser dans un plat peu profond et réfrigérer jusqu'à ce que la gelée soit prise, environ 1 heure.

▼ **PRÉPARER** le pouding instantané comme indiqué sur l'emballage, en réduisant le lait à 1 ½ tasse (375 mL); réfrigérer 5 minutes.

▼ **POUR FAIRE** les abeilles, défaire la gelée en petits morceaux avec une fourchette. Alterner des couches de gelée et de pouding dans de petites coupes en plastique ou en verre, en terminant par le pouding.

▼ **GARNIR** chaque abeille de 2 gaufrettes au chocolat pour les ailes, 1 bonbon noir à la gelée pour la tête et 2 morceaux de lacets de réglisse pour les antennes.

DONNE 5 abeilles.

TRUC : pour mélanger facilement, utiliser un fouet métallique pour mélanger le pouding et le lait.

Étoiles filantes bleu fruité

Préparation : 10 minutes   Réfrigération : 30 minutes

1 tasse	d'eau bouillante	**250 mL**
1 paquet	(85 g) de poudre pour gelée JELL-O, Bleu fruité	**1 pqt**
2 tasses	de glaçons	**500 mL**
1 tasse	de garniture fouettée COOL WHIP, décongelée	**250 mL**
	Garniture fouettée COOL WHIP, décongelée additionnelle	
4	guimauves	**4**
	Sucre coloré	

▼ **AJOUTER** l'eau bouillante à la poudre pour gelée. Remuer jusqu'à ce que la gelée soit complètement dissoute. Ajouter les glaçons. Remuer jusqu'à ce que la gelée épaississe (de 3 à 5 minutes). Retirer la glace non fondue.

▼ **DÉPOSER** la gelée épaissie dans des plats à dessert, en alternant avec des cuillerées de garniture fouettée pour former des nuages. Réfrigérer jusqu'à ce que la gelée soit prise, environ 30 minutes.

▼ **GARNIR** de garniture fouettée additionnelle et des guimauves coupées en forme d'étoile et parsemées de sucre coloré.

DONNE 4 portions.

TRUC : pour couper les guimauves, les aplatir légèrement avec un rouleau à pâte et les tailler avec un emporte-pièce en forme d'étoile. Mouiller légèrement avec de l'eau et saupoudrer de sucre coloré.

Barbotine

Préparation : 5 minutes   Congélation : 4 heures ou jusqu'au lendemain

1 paquet	(85 g) de poudre pour gelée JELL-O, saveur au choix	**1 pqt**
1 tasse	d'eau bouillante	**250 mL**
2 tasses	de soda au gingembre	**500 mL**

▼ **FAIRE DISSOUDRE** la poudre pour gelée dans l'eau bouillante.

▼ **AJOUTER** le soda au gingembre et verser dans un moule carré de 8 po (20 cm). Congeler jusqu'à ce que la gelée soit ferme, 4 heures ou jusqu'au lendemain.

▼ **POUR SERVIR,** utiliser une cuillère à glace pour remplir des coupes à dessert, des gobelets de carton ou des cornets de crème glacée. Servir immédiatement.

DONNE 4 portions.

> **TRUC :** *remplacer le soda au gingembre par votre boisson gazeuse préférée, si désiré. Servir avec des fruits frais tranchés, si désiré.*

Fleurs magnifiques aux fruits

Préparation : 15 minutes   Réfrigération : 3 heures

2 paquets	(85 g **chacun**) de poudre pour gelée JELL-O à la fraise ou saveur au choix	**2 pqt**
1 ¼ tasse	d'eau bouillante	**300 mL**
4	gobelets en carton (5 oz/147,8 mL chacun)	**4**

Grosses guimauves, décorations à gâteaux multicolores, noix de coco colorée, bonbons, cure-dents, pailles de plastique coupées en deux

▼ **FAIRE DISSOUDRE** la poudre pour gelée dans l'eau bouillante, en remuant jusqu'à ce qu'elle soit complètement dissoute, environ 2 minutes. Verser dans les gobelets.

▼ **RÉFRIGÉRER** jusqu'à ce que la gelée soit ferme, au moins 3 heures.

▼ **COUPER** les guimauves en cinq morceaux avec des ciseaux pour faire les pétales de fleurs. Disposer les pétales pour former une fleur, en pressant les pétales fermement ensemble. Presser les décorations à gâteau ou la noix de coco sur les pétales et le bonbon au centre.

▼ **INSÉRER** un cure-dents au centre de chaque fleur de guimauve. Placer une paille dans chaque cure-dents.

▼ **DÉTACHER** avec soin les gobelets de la gelée. Placer sur une assiette de service et insérer la paille de la fleur au centre du pot.

DONNE 4 pots à fleur.

> **TRUCS :** *presser les morceaux de guimauve ensemble dès qu'ils sont coupés et encore collants, pour qu'ils tiennent bien ensemble.*

Chats en pouding au chocolat

Préparation : 10 minutes

1 paquet	(format 4 portions) de pouding instantané JELL-O au chocolat	**1 pqt**
2 tasses	de lait	**500 mL**
	Assortiment de bonbons : lacets de réglisse réglisses variées, bonbons haricots, jujubes, etc.	

▼ **PRÉPARER** le pouding comme indiqué sur l'emballage. Déposer dans 4 bols ronds. Laisser reposer 5 minutes.

▼ **DÉCORER** avec les bonbons pour ressembler à des chats.

DONNE 4 portions.

TRUC : utiliser un assortiment de tranches de fruits à la place des bonbons pour faire la face, comme des tranches de banane, de fraise ou de mandarine.

▼ ▼ ▼ ▼ ▼ ▼ ▼

Pouding aux biscuits enterrés

Préparation : 10 minutes

2 tasses	de lait froid	**500 mL**
1 paquet	(format 4 portions) de pouding instantané JELL-O, saveur au choix	**1 pqt**
20 à 30	biscuits miniatures	**20 à 30**

▼ **VERSER** le lait dans un bol moyen. Ajouter le mélange pour pouding. Battre au batteur électrique à basse vitesse ou au fouet métallique jusqu'à ce que le mélange soit homogène , de 1 à 2 minutes. Laisser reposer 5 minutes.

▼ **DÉPOSER** la moitié du pouding dans 4 plats à dessert. Disposer de 4 à 6 biscuits sur le pouding autour du plat. Couvrir du reste de pouding.

▼ **SERVIR** immédiatement ou réfrigérer jusqu'au moment de servir. Garnir d'une grosse cuillerée de garniture fouettée et de biscuits additionnels, si désiré.

DONNE 4 portions.

> **TRUC :** *si désiré, casser de gros biscuits en 4 morceaux pour remplacer les biscuits miniatures.*

▼ ▼ ▼ ▼ ▼ ▼

Coupes de boue

Préparation : 10 minutes

1 paquet	(format 4 portions) de pouding instantané JELL-O au chocolat	**1 pqt**
2 tasses	de garniture fouettée COOL WHIP, décongelée	**500 mL**
20	biscuits-sandwichs au chocolat, écrasés (boue) Vers gommeux	**20**

▼ **PRÉPARER** le pouding comme indiqué sur l'emballage.

▼ **INCORPORER** délicatement la garniture fouettée et la moitié des biscuits écrasés.

▼ **POUR ASSEMBLER,** déposer environ 1 c. à table (15 mL) de biscuits écrasés dans le fond de 6 coupes à dessert. Remplir les coupes aux trois quarts avec le mélange de pouding. Garnir du reste de biscuits écrasés. Décorer de vers gommeux.

▼ **RÉFRIGÉRER** si on ne sert pas immédiatement.

DONNE 6 portions.

TRUC : une idée amusante pour les fêtes d'enfants. Les préparer dans des gobelets de carton.

▼ ▼ ▼ ▼ ▼ ▼ ▼

Sandwichs glacés au pouding

Préparation : 10 minutes   Congélation : 3 heures

1 tasse	de lait froid	**250 mL**
1 paquet	(format 4 portions) de pouding instantané JELL-O au chocolat ou saveur au choix	**1 pqt**
2 tasses	de garniture fouettée COOL WHIP, décongelée	**500 mL**
36	gros biscuits, variété au choix (grains de chocolat, deux chocolats)	**36**

▼ **MÉLANGER** bien ensemble le lait et le mélange pour pouding. Incorporer délicatement dans la garniture fouettée.

▼ **ÉTENDRE** cette garniture à environ ½ po (1 cm) d'épaisseur sur la moitié des biscuits. Couvrir avec le reste des biscuits, en pressant légèrement et en lissant les bords avec un couteau.

▼ **CONGELER** jusqu'à ce que la garniture soit ferme, environ 3 heures. Conserver dans un récipient couvert au congélateur ou envelopper individuellement et conserver au congélateur.

DONNE 18 collations.

> **TRUC :** *ajouter ½ tasse (125 mL) de grains de chocolat ou de noix au mélange de pouding. Rouler les sandwichs dans des grains de chocolat ou des décorations à gâteaux avant de congeler, si désiré.*

Mini-pizzas aux fruits

Préparation : 15 minutes   Réfrigération : 3 heures ou jusqu'au lendemain

2 paquets	(85 g **chacun**) de poudre pour gelée JELL-O, Mûre Mûre	2 pqt
2 tasses	d'eau bouillante	500 mL
1 tasse	d'eau froide	250 mL
	Garniture fouettée COOL WHIP, décongelée	
	Morceaux de fruits frais variés pour décorer	

▼ **FAIRE DISSOUDRE** la poudre pour gelée dans l'eau bouillante en remuant jusqu'à ce qu'elle soit complètement dissoute, environ 2 minutes. Incorporer l'eau froide. Verser dans un moule de 13 x 9 po (33 x 23 cm).

▼ **RÉFRIGÉRER** jusqu'à ce que la gelée soit ferme, 3 heures ou jusqu'au lendemain.

▼ **POUR ASSEMBLER,** mettre 4 po (10 cm) d'eau tiède, pas chaude, dans l'évier. Tremper le moule dans l'eau jusqu'au bord pendant 5 secondes. Découper des cercles à l'aide d'un emporte-pièce rond à biscuits de 4 po (10 cm) ou d'un verre. Retirer soigneusement les cercles du moule et déposer sur une assiette de service.

▼ **DÉPOSER** de la garniture fouettée au centre de la gelée et étendre jusqu'à ½ po (1 cm) du bord.

▼ **DÉCORER** de morceaux de fruits.

DONNE 6 pizzas.

> **TRUC :** *utiliser le reste de la gelée pour faire des couches avec de la garniture fouettée et des fruits dans des plats à dessert.*

Rigolos JELL-O

Préparation : 3 minutes   Réfrigération : 3 heures

2 paquets	(170 g **chacun**) de poudre pour gelée JELL-O, saveur au choix	**2 pqt**
	OU	
4 paquets	(85 g **chacun**) de poudre pour gelée JELL-O, saveur au choix	**4 pqt**
2 ½ tasses	d'eau bouillante ou de jus bouillant	**625 mL**

▼ **FAIRE DISSOUDRE** la poudre pour gelée dans l'eau bouillante ou le jus bouillant. Verser dans un moule de 13 x 9 po (33 x 23 cm). Réfrigérer 3 heures ou jusqu'à ce que la gelée soit ferme.

▼ **POUR DÉMOULER,** tremper le moule dans l'eau tiède pendant environ 15 secondes. Tailler en carrés ou découper à l'emporte-pièce. Retirer du moule.

Conserver au réfrigérateur jusqu'au moment d'utiliser.

DONNE environ 24 rigolos.

TRUC : pour faire dissoudre facilement la poudre pour gelée, utiliser une spatule de caoutchouc pour remuer et faire dissoudre. Ceci prend environ 3 minutes.

Rigolos JELL-O au lait

Préparation : 5 minutes   Réfrigération : 3 heures

4 paquets	(85 g **chacun**) de poudre pour gelée JELL-O, saveur au choix	**4 pqt**
1 tasse	d'eau bouillante	**250 mL**
1 ½ tasse	de lait	**375 mL**

▼ **FAIRE DISSOUDRE** la poudre pour gelée dans l'eau bouillante. Laisser refroidir à température ambiante. Incorporer graduellement le lait.

▼ **VERSER** dans un moule de 13 x 9 po (33 x 23 cm).

▼ **RÉFRIGÉRER** 3 heures ou jusqu'à ce que la gelée soit ferme.

▼ **POUR DÉMOULER,** tremper le moule dans l'eau tiède pendant environ 15 secondes. Tailler en carrés ou découper à l'emporte-pièce. Retirer du moule. Conserver au réfrigérateur jusqu'au moment d'utiliser.

DONNE environ 24 rigolos.

TRUC : pour faire dissoudre facilement la poudre pour gelée, utiliser une spatule de caoutchouc pour remuer et faire dissoudre. Ceci prend environ 3 minutes. Il est important de refroidir la gelée pour empêcher le lait de coaguler.

▼ ▼ ▼ ▼ ▼ ▼ ▼

Sucettes frétillantes

Préparation : 10 minutes   Réfrigération : 3 heures

1 ¼ tasse	d'eau bouillante	**300 mL**
2 paquets	(85 g **chacun**) de poudre pour gelée JELL-O, saveur au choix	**2 pqt**
4	petits gobelets en carton	**4**
6	pailles en plastique, coupées en deux	**6**

▼ **AJOUTER** l'eau bouillante à la poudre pour gelée. Remuer jusqu'à ce qu'elle soit complètement dissoute. Laisser refroidir 15 minutes.

▼ **VERSER** dans les gobelets en carton. Réfrigérer jusqu'à ce que la gelée soit ferme, au moins 3 heures.

▼ **DÉTACHER** soigneusement les gobelets. Couper horizontalement chaque gobelet de gelée en trois tranches rondes à l'aide d'un couteau trempé dans l'eau chaude.

▼ **INSÉRER** une moitié de paille dans chaque tranche de gelée de façon à imiter une sucette.

DONNE 12 sucettes.

TRUC : remplacer ½ tasse (125 mL) d'eau bouillante par ½ tasse (125 mL) de jus de fruits bouillant, si désiré.

▼ ▼ ▼

▼▼▼▼▼▼

Sucettes glacées amusantes au pouding

Préparation : 5 minutes   Congélation : 4 heures ou jusqu'au lendemain

3 tasses	de lait	**750 mL**
1 paquet	(format 4 portions) de pouding instantané JELL-O, saveur au choix	**1 pqt**
9	petits gobelets en carton (3 oz/85 mL)	**9**
9	bâtonnets de bois	**9**

▼ **VERSER** le lait dans un bol. Ajouter le pouding au lait et battre au fouet métallique jusqu'à ce que le pouding soit lisse, environ 2 minutes.

▼ **PLACER** les gobelets sur une plaque à biscuits. Verser le mélange de pouding dans les gobelets. Insérer un bâtonnet au centre de chaque gobelet.

▼ **CONGELER** jusqu'à ce que le pouding soit ferme, environ 4 heures ou jusqu'au lendemain. Après 24 heures, mettre les sucettes glacées dans un sac de plastique. Pour démouler, tremper les sucettes dans l'eau chaude pendant 10 secondes.

DONNE 9 sucettes glacées.

VARIANTE:

Préparer une sucette glacée surprise ! Déposer 3 ou 4 guimauves miniatures et 1 c. à thé (5 mL) de grains de chocolat miniatures BAKER'S au fond de chaque gobelet avant de remplir de pouding.

TRUC : *utiliser ses moules à sucettes préférés à la place des gobelets.*

Igloo bleu « glacé »

Préparation : 20 minutes   Réfrigération : 3 heures

3 paquets	(85 g **chacun**) de poudre pour gelée JELL-O, Bleu fruité	**3 pqt**
2 ¾ tasses	d'eau bouillante	**675 mL**
1 ½ tasse	d'eau froide	**375 mL**
2 tasses	de glaçons	**500 mL**
2 tasses	de garniture fouettée COOL WHIP, décongelée	**500 mL**

▼ **FAIRE DISSOUDRE** 2 paquets de poudre pour gelée dans 2 tasses (500 mL) d'eau bouillante. Ajouter l'eau froide. Verser dans un moule de 13 x 9 po (33 x 23 cm). Réfrigérer jusqu'à ce que la gelée soit ferme, environ 3 heures. Tailler la gelée en cubes de ½ po (1 cm). Mettre de côté.

▼ **GARNIR** un bol de 6 tasses (1,5 L) d'une pellicule de plastique. Mettre de côté.

▼ **FAIRE DISSOUDRE** le paquet de poudre pour gelée qui reste dans ¾ tasse (175 mL) d'eau bouillante. Ajouter les glaçons. Remuer jusqu'à ce que la gelée épaississe légèrement, de 3 à 5 minutes. Retirer les glaçons non fondus. Incorporer 1 tasse (250 mL) de

garniture fouettée au fouet. Ajouter les deux tiers des cubes de gelée et verser dans le bol préparé. Réfrigérer jusqu'à ce que la gelée soit prise, environ 3 heures.

▼ **DÉMOULER** sur une assiette. Retirer la pellicule de plastique et couvrir le dessus du reste de la garniture fouettée; décorer du reste des cubes de gelée.

DONNE 8 portions.

TRUC : pour faire 4 igloos individuels, partager le mélange de gelée dans 4 petits bols garnis de pellicule plastique et continuer comme ci-dessus. Les enfants auront du plaisir à glacer et à décorer leur igloo.

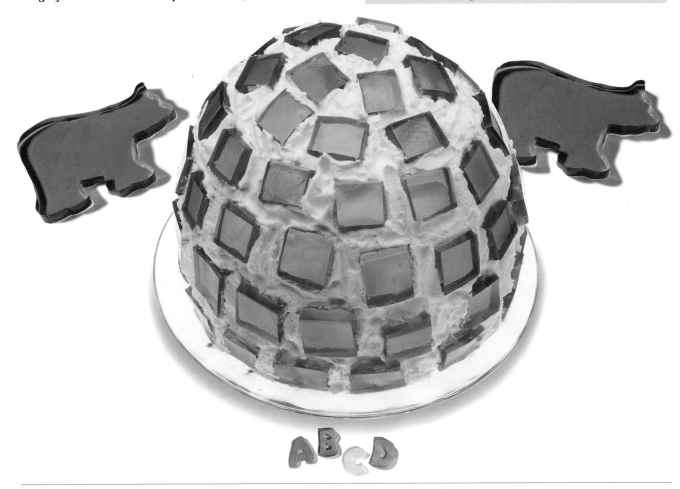

▼ ▼ ▼ ▼ ▼ ▼ ▼

Guimauveries

Préparation : 5 minutes

1 paquet	(85 g) de poudre pour gelée JELL-O, saveur au choix	1 pqt
24	grosses guimauves	24

▼ **VIDER** la poudre pour gelée dans un grand sac de plastique.

▼ **HUMECTER** les guimauves avec de l'eau et en secouer 3 ou 4 à la fois dans la poudre pour gelée pour les enrober.

DONNE environ 2 douzaines.

> **TRUC :** *si désiré, couper les guimauves en formes amusantes en les aplatissant légèrement et en les taillant avec de petits emporte-pièce.*

Super sucettes glacées sans les gouttes

Préparation : 5 minutes   Congélation : 3 heures ou jusqu'au lendemain

1 paquet	(85 g) de poudre pour gelée JELL-O, saveur au choix	**1 pqt**
1 sachet	(135 g) de préparation pour boisson déjà sucrée KOOL-AID, saveur au choix	**1 sachet**
2 tasses	d'eau bouillante	**500 mL**
1 ½ tasse	d'eau froide	**375 mL**
11	gobelets en carton (3 oz/85 mL)	**11**
11	bâtonnets de bois	**11**

▼ **FAIRE DISSOUDRE** la poudre pour gelée et la préparation pour boisson dans l'eau bouillante. Ajouter l'eau froide.

▼ **PLACER** les gobelets en carton sur une plaque à biscuits. Verser le mélange de gelée dans les gobelets.

▼ **CONGELER** jusqu'à ce que la gelée soit partiellement ferme, environ 2 heures.

▼ **INSÉRER** un bâtonnet au centre de chaque gobelet. Congeler jusqu'à ce que la gelée soit ferme.

DONNE environ 11 sucettes glacées.

TRUC : utiliser ses propres moules à sucettes glacées, si désiré. Remplacer l'eau froide par du jus de fruits, si désiré.

▼ ▼ ▼ ▼ ▼ ▼ ▼

Coffres aux trésors

Préparation : 15 minutes   Réfrigération : 3 heures ou jusqu'au lendemain

2 paquets	(85 g **chacun**) de poudre pour gelée JELL-O, Mûre Mûre	2 pqt
2 tasses	d'eau bouillante	500 mL
1 tasse	d'eau froide	250 mL
	Garniture fouettée COOL WHIP, décongelée	
	Bonbons, gaufrettes au chocolat pour décorer	

▼ **FAIRE DISSOUDRE** la poudre pour gelée dans l'eau bouillante, en remuant jusqu'à ce qu'elle soit complètement dissoute, environ 2 minutes. Incorporer l'eau froide. Verser dans un moule à pain de 8 x 4 po (20 x 12 cm).

▼ **RÉFRIGÉRER** jusqu'à ce que la gelée soit ferme, 3 heures ou jusqu'au lendemain.

▼ **TREMPER** le moule dans l'eau tiède jusqu'au bord pendant 5 secondes. Démouler sur une planche.

▼ **DIVISER** la gelée en 4 coffres aux trésors égaux.

Découper une petite partie au centre de chaque coffre en laissant une bordure de 1 po (2,5 cm).

▼ **REMPLIR** la cavité de garniture fouettée et de bonbons. Utiliser 2 gaufrettes au chocolat pour former le couvercle de chaque coffre aux trésors.

DONNE 4 coffres aux trésors.

***TRUC** : remplacer les bonbons par des morceaux de fruits, si désiré.*

Parfaits aux graines de melon

Préparation : 10 minutes   Réfrigération : 30 minutes

2 tasses	de garniture fouettée COOL WHIP, décongelée	**500 mL**
5 gouttes	de colorant alimentaire vert	**5 gouttes**
1 tasse	d'eau bouillante	**250 mL**
1 paquet	(85 g) de poudre pour gelée JELL-O, Méli-melon	**1 pqt**
2 tasses	de glaçons	**500 mL**
2 c. à table	de grains de chocolat mi-sucré miniatures BAKER'S	**25 mL**

▼ **MÉLANGER** la garniture fouettée avec le colorant alimentaire. Étendre la garniture verte uniformément dans 4 coupes à dessert pour faire la pelure. Mettre au congélateur pendant que l'on prépare la gelée.

▼ **AJOUTER** l'eau bouillante à la poudre pour gelée. Remuer jusqu'à ce que la gelée soit complètement dissoute. Ajouter les glaçons. Remuer jusqu'à ce que la gelée épaississe légèrement, de 3 à 5 minutes. Retirer la glace non fondue. Déposer dans les coupes à dessert préparées.

▼ **ENFONCER** les grains de chocolat dans la gelée pour faire les graines. Réfrigérer 30 minutes.

DONNE 4 portions.

> *TRUC : pour de meilleurs résultats, utiliser une spatule en caoutchouc pour faire dissoudre la poudre pour gelée dans l'eau bouillante.*

Bananes royales Méli-melon

Préparation : 15 minutes   Réfrigération : 3 heures

1 paquet	(85 g) de poudre pour gelée JELL-O, Méli-melon ou Fraise-Kiwi	**1 pqt**
1 tasse	d'eau bouillante	**250 mL**
¾ tasse	d'eau froide	**175 mL**
1 paquet	(format 4 portions) de pouding instantané JELL-O à la vanille	**1 pqt**
4	petites bananes, pelées et tranchées sur la longueur	**4**
1 tasse	de garniture fouettée COOL WHIP, décongelée	**250 mL**
4	cerises au marasquin	**4**

▼ **FAIRE DISSOUDRE** la poudre pour gelée dans l'eau bouillante. Ajouter l'eau froide. Verser dans un moule carré de 8 po (20 cm). Réfrigérer jusqu'à ce que la gelée soit ferme, environ 3 heures.

▼ **PRÉPARER** le pouding comme indiqué sur l'emballage.

▼ **TAILLER** la gelée en petits cubes. Placer quelques cubes dans le fond de chaque plat à dessert.

Couvrir d'une petite quantité de pouding.

▼ **GARNIR** avec les moitiés de bananes, du pouding, des cubes de gelée, de la garniture fouettée et des cerises.

DONNE 4 portions.

TRUC : *pour empêcher les bananes de brunir, les tremper dans du jus de citron.*

▼ ▼ ▼ ▼ ▼ ▼ ▼

Vers sinueux au melon

Préparation : 10 minutes   Réfrigération : 45 minutes

1 paquet	(85 g) de poudre pour gelée JELL-O, Méli-melon	**1 pqt**
½ tasse	d'eau chaude	**125 mL**
1 ½ tasse	de guimauves miniatures	**375 mL**
4	gaufrettes au chocolat, écrasées (boue, facultatif)	**4**

Lacets de réglisse noire

▼ **VAPORISER** un moule carré de 8 ou 9 po (20 ou 23 cm) d'enduit anti-adhésif. Étendre dans le fond et sur les côtés du moule avec un papier essuie-tout.

▼ **MÉLANGER** la poudre pour gelée et l'eau chaude dans un bol moyen allant au micro-ondes.

▼ **CHAUFFER** au micro-ondes à HAUTE intensité 1 ½ minute. Remuer jusqu'à ce que la poudre soit complètement dissoute.

▼ **AJOUTER** les guimauves et chauffer à HAUTE intensité 1 minute ou jusqu'à ce que les guimauves soient gonflées et presque fondues. Remuer le mélange doucement jusqu'à ce que les guimauves soient complètement fondues et que le mélange soit lisse. (La couche crémeuse remontera à la surface.)

▼ **DÉPOSER** dans le moule préparé. Réfrigérer 45 minutes ou jusqu'à ce que la gelée soit prise.

Détacher les bords avec un couteau. Couper en 16 bandes de ½ po (1 cm).

▼ **COUPER** la réglisse en petits morceaux pour les yeux et fixer sur les vers.

▼ **SAUPOUDRER** une assiette de gaufrettes écrasées pour imiter la boue. Déposer les vers sur la boue.

DONNE 16 portions.

> *TRUC : On peut préparer ces vers de terre avec n'importe quelle saveur de JELL-O. On peut aussi les faire dans une casserole sur le feu. Mélanger la poudre pour gelée et l'eau chaude dans une casserole à feu moyen. Remuer pour dissoudre, environ 2 minutes; incorporer les guimauves et chauffer jusqu'à ce qu'elles soient fondues, environ 2 minutes. Retirer et procéder comme ci-dessus.*

Mousse aux fruits flamboyante

Préparation : 10 minutes   Réfrigération : 10 minutes

1 paquet	(85 g) de poudre pour gelée JELL-O à la fraise	**1 pqt**
1 tasse	d'eau bouillante	**250 mL**
1 paquet	(300 g) de fraises surgelées non sucrées	**1 pqt**
1 ½ tasse	de garniture fouettée COOL WHIP, décongelée	**375 mL**

▼ **FAIRE DISSOUDRE** la poudre pour gelée dans l'eau bouillante. Ajouter les fraises surgelées, en les brisant à la fourchette. Remuer jusqu'à ce que la gelée épaississe légèrement, de 3 à 5 minutes.

▼ **INCORPORER** délicatement la garniture fouettée. Déposer dans des plats à dessert. Réfrigérer 10 minutes.

DONNE 6 portions.

> *TRUC : pour une mousse aux framboises, utiliser 1 paquet (85 g) de poudre pour gelée JELL-O à la framboise et 1 paquet (300 g) de framboises surgelées non sucrées.*

Meringue aux agrumes

Préparation : 10 minutes   Réfrigération : 10 minutes

1 paquet	(85 g) de poudre pour gelée JELL-O au citron ou Orange-Ananas	**1 pqt**
1 ½ tasse	de quartiers de pamplemousse et d'orange, pelés et hachés	**375 mL**

▼ **PRÉPARER** la poudre pour gelée comme indiqué dans la méthode de prise en 30 minutes sur l'emballage.

▼ **METTRE DE CÔTÉ** ⅔ tasse (150 mL) de gelée légèrement épaisse. Incorporer les fruits dans le reste de la gelée; déposer dans 4 coupes à dessert.

▼ **BATTRE** la gelée réservée au batteur électrique jusqu'à ce qu'elle double de volume. Déposer sur la gelée aux fruits dans les plats. Réfrigérer jusqu'à ce que la gelée soit prise, environ 10 minutes.

DONNE 4 portions.

> *TRUC : pour de meilleurs résultats quand on bat la gelée, elle doit être de la consistance de blancs d'oeufs non battus.*

COMMENT PELER ET SÉPARER EN QUARTIERS LES AGRUMES :
Couper les deux bouts du fruit. Retirer la pelure avec un couteau en la prélevant de haut en bas et en retirant la pelure et la membrane blanche. Tenir le fruit pelé et le trancher entre les membranes pour dégager chaque quartier.

▼▼▼▼▼▼▼

Délice à la mousse crémeuse

Préparation : 10 minutes   Réfrigération : 30 minutes

1 paquet	(format 4 portions) de pouding instantané JELL-O, saveur au choix	**1 pqt**
2 tasses	de garniture fouettée COOL WHIP ou COOL WHIP Léger, décongelée	**500 mL**

▼ **PRÉPARER** le pouding comme indiqué sur l'emballage.

▼ **INCORPORER** délicatement la garniture fouettée.

▼ **DÉPOSER** dans des plats à dessert. Réfrigérer environ 30 minutes.

DONNE 6 portions.

TRUC : incorporer 1 tablette (40 ou 50 g) de chocolat hachée de son choix.

Lait frappé fruité

Préparation : 10 minutes

½ tasse	d'eau bouillante	**125 mL**
1 paquet	(85 g) de poudre pour gelée JELL-O, Bleu fruité	**1 pqt**
2 tasses	de crème glacée à la vanille	**500 mL**
1 tasse	de lait	**250 mL**
½ tasse	de glace concassée	**125 mL**

▼ **VERSER** l'eau dans le récipient du mélangeur. Ajouter la poudre pour gelée. Couvrir et mélanger à vitesse moyenne pendant 1 minute. Racler les côtés du récipient.

▼ **AVEC** l'appareil en marche, ajouter la crème glacée par cuillerées par le bouchon dans le couvercle du mélangeur.

▼ **AJOUTER** le lait et la glace; mélanger à vitesse moyenne pendant 30 secondes. Servir immédiatement.

DONNE 3 ou 4 portions.

TRUC : utiliser n'importe quelle saveur de poudre pour gelée et ajouter ½ tasse (125 mL) de fruits dans le mélangeur avec la crème glacée, si désiré.

À PROPOS DES FRUITS SURGELÉS

Pour une saveur optimale, utiliser les fruits surgelés dans les 3 mois qui suivent leur achat. Ne pas les garder plus de 6 mois. Ne pas remettre au congélateur les fruits décongelés.

Pour décongeler, placer l'emballage fermé dans un bol. Laisser reposer à température ambiante pendant 2 ½ heures.

Ci-contre, de gauche à droite : Meringue aux agrumes, Mousse aux fruits flamboyante, Délice à la mousse crémeuse

▼▼▼

Ci-dessus : Lait frappé fruité

Fudge au caramel simple et rapide

Préparation : 10 minutes   Réfrigération : 1 heure

¼ **tasse**	de lait	**50 mL**
1 paquet	(format 6 portions) de pouding et garniture pour tarte JELL-O au caramel écossais	**1 pqt**
3 c. à table	de beurre	**45 mL**
2 ¼ tasses	de sucre à glacer tamisé	**525 mL**
²⁄₃ **tasse**	de noix hachées	**150 mL**

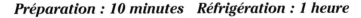

▼ **GARNIR** un petit moule à pain de papier ciré.

▼ **INCORPORER** graduellement le lait dans le mélange pour pouding dans un bol moyen allant au micro-ondes. Ajouter le beurre.

▼ **CUIRE** à découvert au micro-ondes, à HAUTE intensité, 1 minute. Bien remuer. Cuire à HAUTE intensité, 1 minute. Le mélange doit commencer à mousser ou bouillir sur les bords. Ne pas trop cuire. Bien remuer.

▼ **INCORPORER** rapidement le sucre à glacer et les noix.

▼ **VERSER** dans le moule et réfrigérer de 45 à 60 minutes.

Tailler en morceaux. Conserver au réfrigérateur.

DONNE de 18 à 24 morceaux.

REMARQUE : testé dans un four de 700 watts. Pour un four de 500 watts, augmenter le deuxième temps de cuisson à 65 secondes.

TRUC : utiliser du pouding et garniture pour tarte JELL-O au chocolat ou à la vanille, si désiré. Ajouter ½ tasse (125 mL) de fruits séchés comme des abricots ou des canneberges, ou des cerises confites, si désiré.

Ci-dessus : Fudge au caramel simple et rapide

▼ ▼ ▼

▼ ▼ ▼ ▼ ▼ ▼ ▼

Coupes crémeuses délicieuses

Préparation : 15 minutes   Réfrigération : 30 minutes

1 paquet	(85 g) de poudre pour gelée JELL-O, saveur au choix	**1 pqt**
1 tasse	d'eau bouillante	**250 mL**
2 tasses	de crème glacée à la vanille	**500 mL**

▼ **FAIRE DISSOUDRE** la poudre pour gelée dans l'eau bouillante. Laisser refroidir au réfrigérateur environ 10 minutes.

▼ **INCORPORER** la crème glacée avec un fouet.

▼ **VERSER** dans des plats à dessert et réfrigérer jusqu'à ce que la gelée soit prise, environ 30 minutes.

DONNE 6 portions.

TRUC : avec de la crème glacée, la gelée prend en 30 minutes.

Mousse simple et rapide

Préparation : 15 minutes   Réfrigération : 1 heure

1 paquet	(85 g) de poudre pour gelée JELL-O, saveur au choix	**1 pqt**
2 tasses	de garniture fouettée COOL WHIP ou COOL WHIP Léger, décongelée	**500 mL**

▼ **PRÉPARER** la poudre pour gelée comme indiqué dans la méthode de prise en 30 minutes sur l'emballage.

▼ **RETIRER** la glace non fondue et incorporer délicatement la garniture fouettée.

▼ **RÉFRIGÉRER** jusqu'à ce que la gelée soit prise, environ 1 heure.

DONNE 6 portions.

TRUC : ajouter ½ tasse (125 mL) de fruits tranchés après avoir retiré la glace, si désiré.

Coupes de gelée juteuse

Préparation : 10 minutes   Réfrigération : 1 heure

1 paquet	(85 g) de poudre pour gelée JELL-O, saveur au choix	**1 pqt**
1 tasse	de jus de fruits	**250 mL**

▼ **PRÉPARER** la poudre pour gelée avec 1 tasse (250 mL) d'eau bouillante comme indiqué dans la méthode de base sur l'emballage. Incorporer le jus de fruits à la place de l'eau froide.

▼ **RÉFRIGÉRER** dans des coupes à dessert jusqu'à ce que la gelée soit prise, environ 1 heure.

DONNE 4 portions.

TRUC : utiliser de la poudre pour gelée JELL-O à la fraise avec du jus de pomme ou de la poudre pour gelée JELL-O à la canneberge avec du jus d'orange ou de framboise, ou expérimenter avec sa combinaison de saveur préférée.

▼ ▼ ▼

*Coupes de gelée juteuse
ajouter jus de fruits*

*Gelée pétillante
ajouter boisson gazeuse*

*Mousse simple et rapide
ajouter garniture fouettée*

*Douceur à la gelée
ajouter yogourt*

*Gelée au lait
ajouter lait*

*Coupes crémeuses délicieuses
ajouter crème glacée*

C'EST SI SIMPLE ET RAPIDE
AVEC JELL-O

En ajoutant simplement de la garniture fouettée COOL WHIP décongelée, du jus de fruits, des boissons gazeuses, de la crème glacée, du lait et du yogourt à la poudre pour gelée JELL-O, vous pouvez créer des desserts amusants qui plairont à toute la famille. Voir pages 38 et 40.

Ci-dessus : Desserts simples et rapides avec JELL-O

▼ ▼ ▼ ▼ ▼ ▼ ▼

Douceur à la gelée

Préparation : 15 minutes   *Réfrigération : 30 minutes*

1 paquet	(85 g) de poudre pour gelée JELL-O, saveur au choix	**1 pqt**
1 tasse	d'eau bouillante	**250 mL**
2 tasses	de yogourt nature ou aux fruits, ou de yogourt glacé à la vanille	**500 mL**

▼ **FAIRE DISSOUDRE** la poudre pour gelée dans l'eau bouillante. Laisser refroidir au réfrigérateur environ 10 minutes.

▼ **INCORPORER** le yogourt avec un fouet.

▼ **LAISSER REFROIDIR** au réfrigérateur jusqu'à ce que la gelée soit prise, environ 30 minutes.

DONNE 4 portions.

> *TRUC : s'assurer que l'eau vient juste de bouillir pour une meilleure dissolution de la poudre pour gelée.*

Gelée au lait

Préparation : 15 minutes   *Réfrigération : 1 heure*

1 paquet	(85 g) de poudre pour gelée JELL-O, saveur au choix	**1 pqt**
1 tasse	d'eau bouillante	**250 mL**
2 tasses	de lait	**500 mL**

▼ **FAIRE DISSOUDRE** la poudre pour gelée dans l'eau bouillante. Laisser refroidir à température ambiante.

▼ **INCORPORER** graduellement le lait. Verser dans des plats à dessert.

▼ **RÉFRIGÉRER** jusqu'à ce que la gelée soit prise, environ 1 heure.

DONNE 6 portions.

> *TRUC : il est très important de laisser refroidir la gelée pour empêcher le lait de coaguler.*

Gelée pétillante

Préparation : 5 minutes   *Réfrigération : 3 heures*

1 paquet	(85 g) de poudre pour gelée JELL-O, saveur au choix	**1 pqt**
1 tasse	d'eau bouillante	**250 mL**
1 tasse	de boisson gazeuse bien froide	**250 mL**

▼ **FAIRE DISSOUDRE** la poudre pour gelée dans l'eau bouillante. Laisser refroidir à température ambiante.

▼ **AJOUTER** la boisson gazeuse et réfrigérer dans des plats à dessert jusqu'à ce que la gelée soit prise, environ 3 heures.

DONNE 4 portions.

COMBINAISONS SUGGÉRÉES :

- Poudre pour gelée à la lime avec soda au gingembre.
- Poudre pour gelée à l'orange avec racinette.
- Poudre pour gelée à la cerise avec cola.

> *TRUC : laisser refroidir le mélange à la gelée jusqu'à ce qu'elle soit à température ambiante avant d'ajouter la boisson gazeuse pour conserver la gazéification.*

▼ ▼ ▼

Pouding à inventer

Préparation : 10 minutes   Réfrigération : 30 minutes

1 paquet	(format 4 portions) de pouding instantané JELL-O, saveur au choix	**1 pqt**
½ **tasse**	de minis biscuits ou de biscuits écrasés, de fruits écrasés ou de guimauves miniatures	**125 mL**

▼ **PRÉPARER** le pouding comme indiqué sur l'emballage.

▼ **INCORPORER** les biscuits, les fruits ou les guimauves.

▼ **DÉPOSER** dans des plats à dessert. Réfrigérer 30 minutes.

DONNE 6 portions.

> **TRUC :** *une idée amusante pour une réception. Laisser les enfants les préparer eux-mêmes.*

Ci-dessus : Pouding à inventer

▼ ▼ ▼

Glaces simples et amusantes

Préparation : 5 minutes   Congélation : 4 heures ou jusqu'au lendemain

Goûters au pouding ou goûters à la gelée JELS JELL-O, saveur au choix

▼ **INSÉRER** une cuillère ou un bâtonnet en bois à travers le couvercle du pouding ou de la gelée.

▼ **CONGELER** jusqu'à ce qu'il soit ferme, environ 4 heures ou jusqu'au lendemain. Retirer le couvercle. Passer la sucette glacée sous l'eau tiède pendant quelques secondes pour détacher le récipient en plastique.

▼ **TREMPER** dans des garnitures de son choix si désiré, ou manger nature.

TRUC : retirer le papier d'aluminium et incorporer de la confiture, des barres de chocolat hachées ou des biscuits hachés. Placer un bâtonnet dans le goûter et congeler. Si désiré, retirer le bâtonnet et le récipient après la congélation et couvrir de garniture fouettée COOL WHIP décongelée pour un dessert vite fait.

Ci-dessus : Glaces simples et amusantes

Goûters au pouding simples et amusants

Préparation : 5 minutes

Goûters au pouding JELL-O, saveur au choix

▼ **INCORPORER** des fruits hachés comme des bananes ou des fraises à sa saveur préférée de goûter au pouding au moment de servir.

▼ **INCORPORER** des grains de chocolat, des biscuits hachés ou minis biscuits, des barres de chocolat hachées, des guimauves miniatures, des décorations à gâteau à sa saveur préférée de goûter au pouding au moment de servir.

TRUC : créer son propre goûter au pouding au gré de l'imagination.

Ci-dessus : Goûters au pouding simples et amusants

Desserts express

Goûters au pouding JELL-O, saveur au choix

▼ **FONDUE FACILE :** chauffer 1 goûter au pouding dans le four micro-ondes à intensité moyenne pendant 1 minute ou jusqu'à ce qu'il soit chaud. Servir avec un choix de fruits, guimauves et gâteau.

▼ **MOUSSE FACILE :** incorporer ½ tasse (125 mL) de garniture fouettée COOL WHIP, décongelée dans 1 goûter au pouding au chocolat. Déposer dans un bol à dessert. Donne 1 portion.

▼ **GÂTERIE GLACÉE AU POUDING :** servir sa saveur préférée de pouding avec sa saveur préférée de crème glacée pour une sensation délicieuse.

TRUC : *donner aux enfants un sac séparé avec des « additions » pour le pouding dans la boîte à lunch.*

Ci-dessus : Fondue facile, Mousse facile, Gâterie glacée au pouding

Douceurs familiales

Tarte au beurre d'arachide et à la gelée au raisin

Préparation : 50 minutes   Réfrigération : 3 heures ou jusqu'au lendemain

1 tasse	de lait	**250 mL**
½ tasse	de beurre d'arachide crémeux KRAFT	**125 mL**
1 paquet	(format 4 portions) de pouding instantané JELL-O à la vanille	**1 pqt**
2 ½ tasses	de garniture fouettée COOL WHIP, décongelée et divisée	**625 mL**
1	croûte de tarte graham de 9 po (23 cm) préparée	**1**
1 paquet	(85 g) de poudre pour gelée JELL-O au raisin zin zin	**1 pqt**
¾ tasse	d'eau bouillante	**175 mL**
2 tasses	de glaçons	**500 mL**

▼ **AJOUTER** le lait graduellement au beurre d'arachide, dans un bol moyen, en remuant jusqu'à ce que le mélange soit lisse. Ajouter le mélange pour pouding. Battre au fouet métallique jusqu'à ce que le mélange soit lisse, environ 2 minutes. Incorporer délicatement 1 tasse (250 mL) de garniture fouettée.

▼ **DÉPOSER** dans la croûte de graham. Réfrigérer.

▼ **FAIRE DISSOUDRE** la poudre pour gelée dans l'eau bouillante. Ajouter des glaçons et remuer jusqu'à ce que la gelée épaississe légèrement, de 3 à 5 minutes. Retirer la glace non fondue. Incorporer le reste de la garniture fouettée en remuant au fouet. Réfrigérer jusqu'à ce que le mélange épaississe légèrement, environ 30 minutes.

▼ **DÉPOSER** sur la garniture au beurre d'arachide dans la croûte. Réfrigérer 3 heures ou jusqu'au lendemain.

DONNE 8 portions.

> **TRUC :** *congeler la tarte jusqu'au lendemain, si désiré. Laisser reposer 10 minutes sur le comptoir avant de servir.*

À PROPOS DU BEURRE D'ARACHIDE KRAFT

Il y a 6 sortes de beurre d'arachide dans la gamme KRAFT, de extra-crémeux à croquant. Utiliser celui que vous préférez. Saviez-vous que 2 c. à table (25 mL) de beurre d'arachide contiennent 6,5 g de protéines. C'est aussi une bonne source de folacine, de niacine et de thiamine.

▼ ▼ ▼ ▼ ▼ ▼ ▼

Dessert aux tablettes de chocolat

Préparation : 20 minutes   Réfrigération : 2 heures

2 tasses	de chapelure de gaufrettes au chocolat	**500 mL**
½ tasse	de beurre fondu	**125 mL**
1 paquet	(250 g) de fromage à la crème PHILADELPHIA, ramolli	**1 pqt**
¼ tasse	de sucre granulé	**50 mL**
4 tasses	de garniture fouettée COOL WHIP, décongelée	**1 L**
1 tasse	de tablettes au caramel au beurre croquant enrobées de chocolat, hachées (env. 5 tablettes)	**250 mL**
3 tasses	de lait froid	**750 mL**
2 paquets	(format 4 portions **chacun**) de pouding instantané JELL-O au chocolat	**2 pqt**

▼ **MÉLANGER** la chapelure de gaufrettes au chocolat avec le beurre. Presser fermement dans le fond d'un moule de 13 x 9 po (33 x 23 cm). Réfrigérer.

▼ **MÉLANGER** le fromage à la crème et le sucre dans un bol moyen au batteur électrique, jusqu'à ce que le mélange soit lisse. Incorporer délicatement la moitié de la garniture fouettée. Étendre uniformément le mélange dans la croûte. Parsemer les tablettes au caramel hachées sur la couche de fromage à la crème.

▼ **VERSER** le lait dans un grand bol. Ajouter les mélanges pour pouding. Battre 2 minutes au fouet métallique ou au batteur électrique à basse vitesse. Déposer sur la couche de tablettes au caramel hachées. Laisser reposer 5 minutes ou jusqu'à ce que le pouding épaississe.

▼ **ÉTENDRE** le reste de la garniture fouettée sur la couche de pouding.

▼ **RÉFRIGÉRER** 2 heures ou jusqu'à ce que le tout soit ferme. Garnir de tablettes au caramel hachées additionnelles, si désiré. Tailler en carrés. Conserver les restes au réfrigérateur.

DONNE de 15 à 18 portions.

Douceur à la framboise

Préparation : 5 minutes   Réfrigération : 15 minutes

1 paquet	(85 g) de poudre pour gelée JELL-O à la framboise	**1 pqt**
1 tasse	d'eau bouillante	**250 mL**
2 tasses	de crème glacée à la vanille	**500 mL**

▼ **FAIRE DISSOUDRE** la poudre pour gelée dans l'eau bouillante.

▼ **AJOUTER** la crème glacée par cuillerées, en remuant au fouet jusqu'à ce que le mélange soit lisse. Réfrigérer 15 minutes ou jusqu'à ce que le mélange épaississe légèrement.

▼ **DÉPOSER** dans des plats à dessert.

▼ **RÉFRIGÉRER** jusqu'à ce que la gelée soit prise.

DONNE 4 portions.

TRUC : *servir avec des framboises fraîches, si désiré.*

Ci-contre : Tarte au beurre d'arachide et à la gelée au raisin, Dessert aux tablettes de chocolat

▼ ▼ ▼

Parfait ambroisie

Préparation : 20 minutes   Réfrigération : 30 minutes

1 paquet	(format 4 portions) de pouding instantané JELL-O à la vanille	**1 pqt**
1 tasse	de lait froid	**250 mL**
1 tasse	d'ananas broyés, non égouttés	**250 mL**
1	petite banane hachée	**1**
1 tasse	de guimauves miniatures	**250 mL**
1 boîte	(10 oz/284 mL) de quartiers de mandarines, égouttés	**1 bte**
½ tasse	d'amandes tranchées grillées	**125 mL**
½ tasse	de noix de coco BAKER'S ANGEL FLAKE	**125 mL**

▼ **PRÉPARER** le pouding comme indiqué sur l'emballage en réduisant le lait à 1 tasse (250 mL).

▼ **INCORPORER** les ananas, la banane et ½ tasse (125 mL) de guimauves.

▼ **DÉPOSER** le tiers du mélange de pouding dans 6 coupes à parfait. Faire des couches avec le reste des ingrédients, en alternant avec des couches de pouding.

▼ **RÉFRIGÉRER** jusqu'à ce que les parfaits soient prêts à servir, environ 30 minutes.

DONNE 6 portions.

TRUC : *remplacer les mandarines par 2 oranges fraîches, séparées en quartiers (membranes retirées), si désiré.*

Ci-dessus : Parfait ambroisie,
Douceur à la framboise

Tarte moka délicieuse

Préparation : 15 minutes   Cuisson : 10 minutes   Réfrigération : 3 heures

1 paquet	(format 6 portions) de pouding et garniture pour tarte JELL-O au chocolat	**1 pqt**
2 c. à thé	de granules de café instantané	**10 mL**
1	croûte de chapelure graham préparée de 9 po (23 cm)	**1**
2 tasses	de garniture fouettée COOL WHIP, décongelée	**500 mL**

▼ **PRÉPARER** le mélange pour pouding et garniture pour tarte comme indiqué sur l'emballage; incorporer le café. Laisser refroidir 5 minutes en remuant deux fois.

▼ **MESURER** 1 tasse (250 mL) de pouding; couvrir de papier ciré. Réfrigérer jusqu'à ce que le pouding refroidisse, environ 30 minutes.

▼ **DÉPOSER** le reste de la garniture pour tarte dans la croûte de chapelure. Couvrir de papier ciré. Réfrigérer.

▼ **BATTRE** le pouding mesuré jusqu'à ce qu'il soit lisse; incorporer délicatement à 1 ½ tasse (375 mL) de garniture fouettée. Étendre sur le pouding dans la croûte. Réfrigérer 3 heures. Garnir du reste de garniture fouettée.

DONNE 8 portions.

TRUC : éliminer le café et le remplacer par 1 c. à table (15 mL) de zeste d'orange râpé, si désiré.

De gauche à droite : Tarte à la crème glacée et aux biscuits-sandwichs, Tarte moka délicieuse

▼ ▼ ▼ ▼ ▼ ▼

Tarte à la crème glacée et aux biscuits-sandwichs

Préparation : 15 minutes   Congélation : 6 heures ou jusqu'au lendemain

1 ½ tasse	de lait froid ou de crème 10 %	**375 mL**
1 paquet	(format 4 portions) de pouding instantané JELL-O à la vanille	**1 pqt**
3 ½ tasses	de garniture fouettée COOL WHIP, décongelée	**875 mL**
1 tasse	de biscuits-sandwichs au chocolat, hachés	**250 mL**
1	croûte de chapelure graham de 9 po (23 cm), préparée	**1**

▼ **VERSER** le lait dans un grand bol. Ajouter le mélange pour pouding. Battre au fouet métallique jusqu'à ce que le mélange soit homogène, de 1 à 2 minutes. Laisser reposer 5 minutes ou jusqu'à ce que le mélange épaississe légèrement.

▼ **INCORPORER** délicatement la garniture fouettée et les biscuits hachés au mélange de pouding. Déposer dans la croûte.

▼ **CONGELER** jusqu'à ce que la tarte soit ferme, environ 6 heures ou jusqu'au lendemain. Retirer du congélateur. Laisser ramollir 10 minutes à température ambiante avant de servir. Conserver les restes au congélateur.

DONNE 8 portions.

TRUC : pour une variante plus légère, utiliser du pouding instantané JELL-O Léger à la vanille et de la garniture fouettée COOL WHIP Légère. Si désiré, réfrigérer la tarte 3 heures et servir.

Tarte rocher à la crème glacée

Préparation : 15 minutes   Congélation : 6 heures ou jusqu'au lendemain

1 ½ tasse	de lait froid ou de crème 10 %	**375 mL**
1 paquet	(format 4 portions) de pouding instantané JELL-O au chocolat	**1 pqt**
3 ½ tasses	de garniture fouettée COOL WHIP, décongelée	**875 mL**
½ tasse	de **chacun** : grains de chocolat mi-sucré BAKER'S, guimauves miniatures et noix hachées	**125 mL**
1	croûte de chapelure au chocolat de 9 po (23 cm), préparée	**1**

▼ **VERSER** le lait dans un grand bol. Ajouter le mélange pour pouding. Battre au fouet métallique jusqu'à ce que le mélange soit homogène, de 1 à 2 minutes. Laisser reposer 5 minutes ou jusqu'à ce que le mélange épaississe légèrement.

▼ **INCORPORER** délicatement la garniture fouettée, les grains de chocolat, les guimauves et les noix au mélange de pouding. Déposer dans la croûte.

▼ **CONGELER** jusqu'à ce que la tarte soit ferme, environ 6 heures ou jusqu'au lendemain. Retirer du congélateur. Laisser ramollir 10 minutes à température ambiante avant de servir. Conserver les restes au congélateur.

DONNE 8 portions.

TRUC : un dessert parfait pour une chaude journée d'été. Si désiré, réfrigérer la tarte 3 heures et servir.

▼ ▼ ▼

Oranges à gogo

Préparation : 15 minutes   Réfrigération : 30 minutes

4	grosses oranges	4
1 paquet	(85 g) de poudre pour gelée JELL-O à l'orange juteuse	**1 pqt**
1 tasse	d'eau bouillante	**250 mL**
2 tasses	de crème glacée à la vanille	**500 mL**

▼ **COUPER** les oranges en deux. Retirer la pulpe de chaque moitié. Bien gratter les moitiés de pelure avec une cuillère en métal. Hacher finement la pulpe en retirant les membranes et mettre de côté.

▼ **FAIRE DISSOUDRE** la poudre pour gelée dans l'eau bouillante. Ajouter la crème glacée par cuillerées, en remuant jusqu'à ce que le mélange soit lisse.

▼ **RÉFRIGÉRER** jusqu'à ce que le mélange épaississe légèrement, environ 15 minutes. Incorporer délicatement la pulpe hachée.

▼ **DÉPOSER** dans les moitiés de pelure. Réfrigérer jusqu'à ce que la gelée soit prise, environ 30 minutes. **DONNE** 8 portions.

TRUC : remplacer un peu d'eau bouillante par un peu de jus d'orange frais bouillant, si désiré.

Ci-dessus : Oranges à gogo

▼ ▼ ▼

De gauche à droite : Pouding au pain et aux pommes au micro-ondes, Dessert nachos

▼ ▼ ▼ ▼ ▼ ▼

Pouding au pain et aux pommes au micro-ondes

Préparation : 5 minutes   Cuisson au micro-ondes : 13 minutes

6	tranches de pain aux raisins	**6**
2 ½ tasses	de lait	**625 mL**
1 paquet	(format 6 portions) de pouding et garniture pour tarte à la vanille JELL-O	**1 pqt**
2	œufs battus	2
½ tasse	de raisins secs	**125 mL**
2	pommes moyennes, pelées et hachées	2
¼ tasse	de cassonade tassée	**50 mL**
½ c. à thé	de cannelle moulue	**2 mL**

▼ **COUPER** le pain en cubes de ½ po (1 cm) et mettre de côté.

▼ **INCORPORER** graduellement le lait dans le mélange pour pouding en remuant au fouet, dans un grand bol allant au micro-ondes.

▼ **CUIRE** à HAUTE intensité, 5 minutes, en remuant deux fois. Ajouter les œufs, en remuant bien et continuer la cuisson à HAUTE intensité, 3 minutes de plus, en remuant une fois.

▼ **AJOUTER** les raisins et les pommes. Cuire 4 minutes en remuant une fois. Incorporer délicatement les cubes de pain et cuire 1 minute de plus.

▼ **MÉLANGER** la cassonade et la cannelle. Saupoudrer le pouding. Servir tiède.

DONNE de 6 à 8 portions.

TRUC : utiliser du pain blanc, si désiré.

Dessert nachos

Préparation : 20 minutes

20	biscuits graham	**20**
1 paquet	(format 4 portions) de pouding instantané JELL-O à la vanille	**1 pqt**
2 tasses	de fraises tranchées	**500 mL**
3	kiwis hachés	**3**
1	grosse banane tranchée	**1**
	Sauce au chocolat	

▼ **INCISER** chaque biscuit graham en diagonale avec un couteau; séparer de façon à former 2 triangles.

▼ **PRÉPARER** le pouding comme indiqué sur l'emballage.

▼ **RÉPARTIR** uniformément les triangles de biscuits graham dans 8 plats à dessert. Déposer la moitié du pouding sur les biscuits, puis couvrir de la moitié des fruits.

▼ **ARROSER** de sauce au chocolat. Servir immédiatement.

DONNE 8 portions.

TRUC : choisir le pouding et les fruits de son choix pour créer un nouveau mélange de saveur. Une idée de réception amusante. Préparer toutes les garnitures et laisser les convives créer leurs propres « nachos ».

▼ ▼ ▼

▼ ▼ ▼ ▼ ▼ ▼

Barres rayées

Préparation : 30 minutes   Cuisson : 20 minutes   Réfrigération : 2 à 3 heures

1 ¼ tasse	de farine tout usage	**300 mL**
¾ tasse	de pacanes hachées fin	**175 mL**
½ tasse	de sucre granulé, divisé	**125 mL**
½ tasse	de beurre fondu	**125 mL**
1 paquet	(250 g) de fromage à la crème PHILADELPHIA, ramolli	**1 pqt**
3 tasses	de lait froid, divisé	**750 mL**
4 tasses	de garniture fouettée COOL WHIP, décongelée	**1 L**
2 paquets	(format 4 portions **chacun**) de pouding instantané JELL-O au chocolat	**2 pqt**

Copeaux de chocolat (facultatif)

▼ **MÉLANGER** la farine, les pacanes, ¼ tasse (50 mL) du sucre et le beurre jusqu'à ce que le tout soit humide. Presser uniformément dans le fond d'un moule de 13 x 9 po (33 x 22 cm). Cuire au four à 350 °F (180 °C), 20 minutes ou jusqu'à ce que la croûte soit légèrement dorée. Laisser refroidir sur une grille.

▼ **BATTRE** le fromage à la crème avec ¼ tasse (50 mL) de sucre qui reste et 2 c. à table (25 mL) de lait jusqu'à ce qu'il soit lisse. Incorporer délicatement la moitié de la garniture fouettée. Étendre sur la croûte refroidie.

▼ **VERSER** le reste du lait dans un grand bol. Ajouter les deux mélanges pour pouding. Battre au batteur électrique à basse vitesse jusqu'à ce que le tout soit bien mélangé, de 2 à 3 minutes, en raclant le bol de temps en temps. Verser sur la couche de fromage à la crème. Réfrigérer de 2 à 3 heures.

▼ **TAILLER** en portions et garnir chacune avec le reste de la garniture fouettée. Ajouter des copeaux de chocolat, si désiré.

DONNE 16 portions.

TRUC : *on peut congeler le dessert jusqu'à une semaine. Décongeler au réfrigérateur.*

À PROPOS DE LA GARNITURE FOUETTÉE COOL WHIP

La garniture fouettée COOL WHIP se vend en version régulière et légère (faible en gras). On peut utiliser indifféremment l'un ou l'autre produit dans les recettes. N'oubliez pas que la garniture fouettée COOL WHIP peut se congeler de nouveau si la recette n'utilise pas le contenu au complet ou utilisez-la pour garnir votre dessert préféré.

▼ ▼ ▼

Carrés à l'orange et aux gaufrettes au chocolat

Préparation : 15 minutes   Réfrigération 3 heures ou jusqu'au lendemain

18	gaufrettes au chocolat	18
1 paquet	(format 4 portions) de pouding instantané JELL-O à la vanille	**1 pqt**
1 tasse	de lait	**250 mL**
1 tasse	de garniture fouettée COOL WHIP, décongelée	**250 mL**
2	oranges moyennes, pelées et tranchées mince	**2**
3 c. à table	de marmelade d'oranges	**45 mL**
1 c. à thé	d'eau	**5 mL**

▼ **DISPOSER** la moitié des gaufrettes dans le fond d'un moule carré de 8 po (20 cm).

▼ **PRÉPARER** le mélange pour pouding avec 1 tasse (250 mL) de lait comme indiqué sur l'emballage. Incorporer délicatement la garniture fouettée.

▼ **DÉPOSER** la moitié du mélange de pouding sur les gaufrettes dans le moule. Faire des couches avec le reste des gaufrettes et du mélange de pouding. Couvrir des tranches d'oranges.

▼ **DÉLAYER** la marmelade avec l'eau; déposer sur les oranges. Réfrigérer environ 3 heures. Tailler en carrés.

DONNE 9 portions.

> **TRUC :** *remplacer le pouding instantané JELL-O à la vanille par du pouding au chocolat, si désiré.*

Ci-dessus, de gauche à droite : Barres rayées,
Carrés à l'orange et aux gaufrettes au chocolat

Délices légères

Parfait rapide

Préparation : 20 minutes   Réfrigération : 1 heure

¾ tasse	d'eau bouillante	175 mL
1 paquet	(10,0 g) de poudre pour gelée JELL-O Léger à la framboise ou saveur au choix	1 pqt
½ tasse	d'eau froide	125 mL
	Glaçons	
½ tasse	de garniture fouettée COOL WHIP ou COOL WHIP Légère, décongelée	125 mL

▼ **VERSER** l'eau bouillante dans le récipient du mélangeur. Ajouter la poudre pour gelée et mélanger à basse vitesse jusqu'à ce que la gelée soit dissoute, environ 30 secondes.

▼ **MÉLANGER** l'eau froide et les glaçons pour obtenir 1 ¼ tasse (300 mL). Ajouter à la gelée et remuer jusqu'à ce que la glace soit partiellement fondue, puis mélanger à haute vitesse pendant 10 secondes. Ajouter la garniture fouettée et mélanger 15 secondes.

▼ **VERSER** le mélange dans des coupes à parfait à bords droits. Réfrigérer jusqu'à ce que le parfait soit pris, environ 1 heure.

▼ **DONNE** environ 3 tasses (750 mL) ou 6 portions.

TRUC : racler les côtés du mélangeur avec une spatule en caoutchouc pour s'assurer que toute la gelée est dissoute.

UNE PORTION
Calories 26, Protéines 1 g, Matières grasses 1,6 g, Glucides 1,5 g

Goûter aux bâtonnets de pomme

Préparation : 5 minutes   Réfrigération : 1 heure

1 paquet	(10,1 g) de poudre pour gelée JELL-O Léger à la fraise	1 pqt
1 tasse	d'eau bouillante	250 mL
½ tasse	de jus de pomme	125 mL
1 tasse	de glaçons	250 mL
1	pomme moyenne rouge, jaune ou verte non pelée, coupée en bâtonnets	1

▼ **FAIRE DISSOUDRE** la poudre pour gelée dans l'eau bouillante. Ajouter le jus de pomme et les glaçons, en remuant jusqu'à ce que la gelée épaississe légèrement. Retirer la glace non fondue. Ajouter la pomme.

▼ **DÉPOSER** dans des plats de service. Réfrigérer jusqu'à ce que la gelée soit prise, environ 1 heure.

DONNE 4 portions.

TRUC : remplacer la pomme par des bâtonnets de poire Bosc ou Bartlett, si désiré.

UNE PORTION
Calories 43, Protéines 1,5 g, Matières grasses 0,2 g, Glucides 9,1 g, Fibres alimentaires 0,7 g

Ci-contre : Goûter aux bâtonnets de pomme, Parfait rapide et Gelée pétillante

▼ ▼ ▼ ▼ ▼ ▼

Dessert étagé aux fruits

Préparation : 20 minutes

2 tasses	de fraises, coupées en deux	**500 mL**
2	pêches, pelées et coupées en cubes	**2**
1 tasse	de bleuets frais	**250 mL**
2 tasses	de raisins verts sans pépins, coupés en deux	**500 mL**
1 paquet	de pouding instantané JELL-O Léger à la vanille	**1 pqt**
2 tasses	de lait 2 %	**500 mL**
½ tasse	de yogourt nature ou à saveur de fruits	**125 mL**

▼ **FAIRE** des couches de fruits dans un bol de service moyen en verre ou dans des coupes à parfait.

▼ **PRÉPARER** le pouding comme indiqué sur l'emballage. Incorporer délicatement le yogourt. Déposer sur les fruits.

▼ **SERVIR** immédiatement.

DONNE 4 portions de ½ tasse (125 mL).

TRUC : remplacer les fruits frais par 6 tasses (1,5 L) de fruits en conserve, non sucrés, égouttés.

UNE PORTION
Calories 225, Protéines 7,2 g, Matières grasses 4,1 g, Glucides 43,2 g, Fibres alimentaires 4,4 g

À PROPOS DU YOGOURT

Le yogourt est un lait fermenté, un peu comme le lait de beurre, la crème sure et la crème fraîche; il se développe sous l'action de bactéries. Les calories et les nutriments diffèrent d'une marque à l'autre; utiliser le yogourt faible en matières grasses pour consommer moins de gras.

▼ ▼ ▼

Dessert des anges au chocolat

Préparation : 15 minutes   Réfrigération : 15 minutes

1 ½ tasse	de gâteau des anges en petits cubes	**375 mL**
1 tasse	de framboises, de fraises tranchées ou de bananes tranchées	**250 mL**
1 ½ tasse	de lait 2 % froid	**375 mL**
1 paquet	(format 4 portions) de pouding instantané JELL-O Léger au chocolat	**1 pqt**
1 tasse	de garniture fouettée COOL WHIP Légère, décongelée	**250 mL**

▼ **RÉPARTIR** les cubes de gâteau et les fruits dans 6 plats à dessert; réserver.

▼ **VERSER** le lait dans un bol moyen; ajouter le mélange pour pouding. Battre au fouet métallique de 1 à 2 minutes jusqu'à ce que le tout soit bien mélangé. Laisser reposer 5 minutes.

▼ **INCORPORER** délicatement la garniture fouettée. Déposer dans des plats à dessert. Réfrigérer 15 minutes.

DONNE 6 portions.

Mousse simple et rapide au Jell-O Léger - Prête en 5 minutes ! Préparer le pouding comme indiqué sur l'emballage. Incorporer 1 ½ tasse (375 mL) de garniture fouettée COOL WHIP Légère, décongelée. Déposer dans des plats à dessert.

UNE PORTION
Calories 109, Protéines 3,3 g, Matières grasses 3,1 g, Glucides 18 g, Fibres alimentaires 1,0 g

Ci-dessus, de gauche à droite : Dessert étagé aux fruits et Dessert des anges au chocolat

Ci-dessus : Terrine suprême aux fruits

▼ ▼ ▼ ▼ ▼ ▼

Terrine suprême aux fruits

Préparation : 20 minutes   Réfrigération : 4 heures

Terrine aux fruits

2 paquets	(9,1 g **chacun**) de poudre pour gelée JELL-O Léger au citron	**2 pqt**
1 ½ tasse	d'eau bouillante	**375 mL**
¾ tasse	de jus d'orange	**175 mL**
	Glaçons	
2 c. à thé	de zeste d'orange râpé	**10 mL**
4 tasses	de garniture fouettée COOL WHIP, décongelée	**1 L**

Sauce aux bleuets

1 paquet	(300 g) de bleuets non sucrés surgelés, décongelés	**1 pqt**
2 c. à table	de jus de citron	**25 mL**
⅓ tasse	de sucre ou l'équivalent en édulcorant artificiel	**75 mL**
2 c. à table	d'eau	**25 mL**

TERRINE AUX FRUITS :

▼ **FAIRE DISSOUDRE** la poudre pour gelée dans l'eau bouillante. Mélanger le jus d'orange et les glaçons pour obtenir 1 ¾ tasse (425 mL). Ajouter à la gelée, en remuant jusqu'à ce que la glace soit dissoute. Incorporer le zeste d'orange. Réfrigérer jusqu'à ce que la gelée épaississe légèrement.

▼ **INCORPORER** délicatement la garniture fouettée au mélange à la gelée. Déposer dans un moule à pain de 9 x 5 po (23 x 13 cm). Réfrigérer 4 heures ou jusqu'au lendemain. Pour démouler, tremper le moule dans l'eau tiède pendant 15 secondes et retourner sur une planche à découper ou un plateau de service. Trancher et servir avec la sauce aux bleuets.

DONNE 10 portions.

SAUCE AUX BLEUETS :

▼ **MÉLANGER** les bleuets, le jus de citron, le sucre et l'eau dans une casserole moyenne. (Si on utilise de l'édulcorant artificiel, l'ajouter en dernier.) Porter à ébullition.

▼ **CUIRE** en remuant à feu moyen, de 2 à 3 minutes. Mélanger au robot culinaire ou au mélangeur pendant 1 minute jusqu'à ce que le mélange soit lisse. (Ajouter de l'édulcorant au goût.) Réfrigérer. Bien remuer avant de servir. Donne environ 1 tasse (250 mL).

TRUC : *remplacer les bleuets par des fraises ou des framboises fraîches ou surgelées, non sucrées, si désiré.*

UNE PORTION
Calories 157, Protéines 1,7 g, Matières grasses 8,3 g, Glucides 19,9 g, Fibres alimentaires 1 g

---

COMMENT PROTÉGER LES MOULES POUR LA PÂTISSERIE

Pour les moules en métal, laver dans l'eau chaude savonneuse et bien rincer. Placer dans un four chauffé à 200 °F (95 °C). Éteindre le four et laisser sécher le moule 30 minutes. Ceci empêchera le moule de rouiller et la couleur de « s'infiltrer » dans les aliments. Si les moules sont vieux, les garnir d'une pellicule plastique pour les desserts sans cuisson.

▼ ▼ ▼

▼▼▼▼▼▼

Tarte légère et fruitée aux fraises

Préparation : 20 minutes   Réfrigération : 3 heures

1 paquet	(10,1 g) de poudre pour gelée JELL-O Léger à la fraise	**1 pqt**
²/₃ tasse	d'eau bouillante	**150 mL**
2 tasses	de glaçons	**500 mL**
4 tasses	de garniture fouettée COOL WHIP Légère, décongelée	**1 L**
1 tasse	de fraises fraîches écrasées	**250 mL**
1	croûte de chapelure graham préparée de 9 po (23 cm)	**1**

▼ **FAIRE DISSOUDRE** la poudre pour gelée dans l'eau bouillante. Ajouter les glaçons et remuer jusqu'à ce que la gelée commence à épaissir, de 3 à 5 minutes. Retirer la glace non fondue.

▼ **INCORPORER** la garniture fouettée délicatement en remuant au fouet jusqu'à ce que le mélange soit lisse. Incorporer délicatement les fraises. Réfrigérer jusqu'à ce que le mélange soit épais, environ 15 minutes.

▼ **DÉPOSER** dans la croûte. Réfrigérer 3 heures

DONNE 8 portions.

> **TRUC :** *pour une tarte à la framboise, utiliser de la poudre pour gelée JELL-O Léger à la framboise et des framboises à la place des fraises.*

UNE PORTION
Calories 198, Protéines 2,2 g, Matières grasses 10,1 g, Glucides 26 g, Fibres alimentaires 0,9 g

Ci-dessus : Tarte légère et fruitée aux fraises

▼▼▼

Gâteau au fromage léger au citron

Préparation : 15 minutes   Réfrigération : 4 heures

3 c. à table	de chapelure de graham	**45 mL**
1 paquet	(9,1 g) de poudre pour gelée JELL-O Léger au citron	**1 pqt**
²/₃ tasse	d'eau bouillante	**150 mL**
2 paquets	(250 g **chacun**) de fromage à la crème PHILADELPHIA Léger, coupé en cubes	**2 pqt**
	Zeste râpé de 2 citrons	
	Jus de 1 citron	
2 tasses	de garniture fouettée COOL WHIP, décongelée	**500 mL**

▼ **PARSEMER** la chapelure sur les côtés d'un moule à charnière de 8 po (20 cm) préalablement vaporisé d'enduit antiadhésif.

▼ **PLACER** la poudre pour gelée dans le récipient du mélangeur. Ajouter l'eau; mélanger à basse vitesse jusqu'à ce que la gelée soit dissoute. Ajouter le fromage à la crème; mélanger à vitesse moyenne en raclant les côtés du récipient jusqu'à ce que le mélange soit lisse. Verser dans un grand bol.

▼ **INCORPORER** délicatement le zeste de citron, le jus et la garniture fouettée. Verser dans le moule préparé; lisser le dessus. Réfrigérer 4 heures. Servir avec des fruits frais.

DONNE 12 portions.

TRUC : pour presser facilement le jus des citrons, les laisser à température ambiante et les rouler sur le comptoir légèrement avant de presser.

UNE PORTION
Calories 154, Protéines 4,1 g, Matières grasses 12,8 g, Glucides 6 g, Fibres alimentaires 0,1 g

---

Ci-dessus : Gâteau au fromage léger au citron

Ci-dessus : Salade Waldorf à la cerise et
Salade fiesta aux carottes et à l'ananas

▼ ▼ ▼ ▼ ▼ ▼ ▼

Salade Waldorf à la cerise

Préparation : 10 minutes   Réfrigération : 30 minutes

1 paquet	(11,2 g) de poudre pour gelée JELL-O Léger à la cerise	**1 pqt**
¾ tasse	d'eau bouillante	**175 mL**
½ tasse	d'eau froide	**125 mL**
	Glaçons	
½ tasse	de pomme non pelée, coupée en dés	**125 mL**
1	petite banane tranchée	**1**
¼ tasse	de céleri tranché	**50 mL**

▼ **FAIRE DISSOUDRE** la poudre pour gelée dans l'eau bouillante. Mélanger l'eau froide et les glaçons pour obtenir 1 ¼ tasse (300 mL). Ajouter à la gelée et remuer jusqu'à ce que la gelée épaississe légèrement; retirer la glace non fondue.

▼ **INCORPORER** délicatement les fruits et le céleri. Réfrigérer dans des plats individuels jusqu'à ce que la salade soit prise, environ 30 minutes.

DONNE environ 2 ½ tasses (625 mL) ou 5 portions.

TRUC : remplacer la banane par 1 orange pelée et séparée en quartiers, si désiré.
Verser dans un moule de 4 tasses (1 L) et réfrigérer 3 heures. Démouler et servir.

UNE PORTION
Calories 32, Protéines 1,5 g, Matières grasses 0,1 g, Glucides 6,4 g, Fibres alimentaires 0,6 g

Salade fiesta aux carottes et à l'ananas

Préparation : 2 heures   Réfrigération : 2 heures ou jusqu'au lendemain

1 paquet	(9,3 g) de poudre pour gelée JELL-O Léger, Fiesta de fruits ou (9,1 g) de JELL-O Léger au citron	**1 pqt**
1 tasse	d'eau bouillante	**250 mL**
1 boîte	(14 oz/398 mL) d'ananas en petits morceaux dans le jus	**1 bte**
½ tasse	de carottes râpées	**125 mL**

▼ **FAIRE DISSOUDRE** la poudre pour gelée dans l'eau bouillante. Égoutter les morceaux d'ananas en réservant le jus; ajouter assez d'eau froide pour obtenir 1 tasse (250 mL) de liquide; incorporer à la gelée.

▼ **RÉFRIGÉRER** jusqu'à ce que la gelée soit légèrement épaisse, environ 1 ¼ heure.

▼ **INCORPORER** les petits morceaux d'ananas et les carottes râpées. Déposer dans un bol de 4 tasses

(1 L). Réfrigérer jusqu'à ce que la gelée soit prise.

DONNE 6 portions.

TRUC : pour des portions individuelles, déposer le mélange de gelée dans des moules à muffins légèrement graissés, réfrigérer et démouler.

UNE PORTION
Calories 51, Protéines 1,3 g, Matières grasses 0,1 g, Glucides 12 g, Fibres alimentaires 0,8 g

▼ ▼ ▼

Ci-dessus : Fraises plus et Du soleil dans l'assiette

▼ ▼ ▼ ▼ ▼ ▼ ▼

Fraises plus

Préparation : 15 minutes   Réfrigération : 30 minutes

1 paquet	(10,1 g) de poudre pour gelée JELL-O Léger à la fraise	**1 pqt**
1 tasse	de garniture fouettée COOL WHIP, décongelée	**250 mL**
1 tasse	de fraises fraîches tranchées	**250 mL**

▼ **PRÉPARER** la poudre pour gelée comme indiqué dans la méthode de prise en 30 minutes sur l'emballage. Mesurer ½ tasse (125 mL) de gelée. Incorporer à la garniture fouettée en remuant au fouet. Déposer dans des plats à dessert. Réfrigérer 20 minutes.

▼ **ENTRE-TEMPS,** incorporer délicatement les fraises dans le reste de la gelée. Déposer sur la couche dans les plats. Réfrigérer jusqu'à ce que la gelée soit prise, environ 30 minutes.

DONNE 4 portions.

TRUC : pour préparer un dessert en pente, poser des coupes à parfait contre le bord d'un moule carré. Attacher avec du ruban gommé et supporter en dessous avec du papier essuie-tout plié. Préparer la couche crémeuse comme ci-dessus et déposer dans les coupes. Réfrigérer comme ci-dessus. Mettre debout et déposer la gelée fruitée sur la couche dans les coupes. Réfrigérer jusqu'à ce que la gelée soit prise.

UNE PORTION
Calories 79, Protéines 1,8 g, Matières grasses 4,9 g, Glucides 7,1 g, Fibres alimentaires 0,8 g

---

Du soleil dans l'assiette

Préparation : 15 minutes   Réfrigération : 30 minutes

1 paquet	(10,2 g) de poudre pour gelée JELL-O Léger à l'orange	**1 pqt**
1 tasse	de quartiers d'orange	**250 mL**

▼ **PRÉPARER** la poudre pour gelée comme indiqué dans la méthode de prise en 30 minutes sur l'emballage.

▼ **RÉSERVER** ½ tasse (125 mL). Réfrigérer jusqu'à ce que la gelée épaississe légèrement.

▼ **INCORPORER** délicatement les quartiers d'orange au reste de la gelée; déposer dans 6 plats à dessert.

▼ **BATTRE** la gelée réservée au batteur électrique jusqu'à ce qu'elle ait doublé de volume. Déposer sur les fruits en gelée dans les plats. Réfrigérer jusqu'à ce que la gelée soit prise, environ 30 minutes.

DONNE 4 portions.

TRUC : pour obtenir un meilleur volume quand on bat la gelée, la placer dans un petit bol et battre à grande vitesse au batteur électrique.

UNE PORTION
Calories 29, Protéines 1,8 g, Matières grasses 0,1 g, Glucides 5,4 g, Fibres alimentaires 0,8 g

---

À PROPOS DES ORANGES
Faibles en calories et en sodium, riches en vitamine C, les oranges comprennent plusieurs variétés, de l'orange sanguine à l'orange navel. À l'achat, elles doivent être fermes et lourdes pour leur taille, avec une peau lisse et sans taches. Conserver à température ambiante de 3 à 4 jours ou dans des sacs de plastique au réfrigérateur.

▼ ▼ ▼

Ci-dessus : Magnifique quartier de melon,
Coupe légère de trésor aux fruits

▼ ▼ ▼ ▼ ▼ ▼ ▼

Magnifique quartier de melon

Préparation : 10 minutes   Réfrigération : 3 heures

1	melon moyen	1
1 paquet	(10,3 g) de poudre pour gelée JELL-O Léger à la lime	1 pqt

▼ **COUPER** le melon en deux sur la longueur; épépiner et bien égoutter. Éponger l'intérieur avec du papier essuie-tout.

▼ **PRÉPARER** la poudre pour gelée comme indiqué dans la méthode de prise en 30 minutes sur l'emballage.

▼ **PLACER** les moitiés de melon dans de petits bols et déposer la gelée au centre. Réfrigérer jusqu'à ce que la gelée soit prise, environ 3 heures. Tailler en quartiers ou en tranches au moment de servir.

DONNE 6 portions.

TRUC : *utiliser n'importe quelle saveur de JELL-O. Utiliser un cantaloup ou un melon Honeydew, au goût.*

UNE PORTION
Calories 81, Protéines 1,9 g, Matières grasses 0,2 g, Glucides 19,7 g, Fibres alimentaires 1,7 g

Coupes légères de trésors aux fruits

Préparation : 5 minutes   Réfrigération : 30 minutes

1 paquet	(10,1 g) de poudre pour gelée JELL-O Léger à la fraise	1 pqt
1 boîte	(14 oz/398 mL) de salade de fruits, égouttée	1 bte
1 tasse	de fromage cottage faible en gras	250 mL

▼ **PRÉPARER** la gelée comme indiqué dans la méthode de prise en 30 minutes sur l'emballage.

▼ **AJOUTER** la salade de fruits dans la gelée légèrement épaisse.

▼ **RÉPARTIR** le fromage cottage dans 4 plats à dessert. Garnir du mélange de gelée aux fruits. Réfrigérer jusqu'à ce que la gelée soit prise, environ 30 minutes.

DONNE 4 portions.

TRUC : *remplacer le fromage cottage par du yogourt nature, si désiré.*

UNE PORTION
Calories 87, Protéines 9,5 g, Matières grasses 0,6 g, Glucides 10,3 g, Fibres alimentaires 0,8 g

---

COMMENT EMPÊCHER LES FRUITS DE BRUNIR

Les fruits comme les pommes, les poires, les pêches et les bananes tranchées brunissent quand ils sont exposés à l'air. Les arroser avec du jus d'orange, de citron ou de lime pour empêcher que cela se produise.

▼ ▼ ▼

Ci-dessus : Carrés aux fruits,
Mousse à la pêche

▼▼▼▼▼▼▼

Carrés aux fruits

Préparation : 10 minutes   Réfrigération : 3 heures

2 paquets	(10,1 g **chacun**) de poudre pour gelée JELL-O Léger à la fraise ou saveur au choix	**2 pqt**
1 ½ tasse	d'eau bouillante	**375 mL**
1 tasse	d'eau froide	**250 mL**
2 tasses	de garniture fouettée COOL WHIP ou COOL WHIP Légère, décongelée	**500 mL**
1 boîte	(14 oz/398 mL) de salade de fruits dans le jus ou un sirop léger, égouttée*	**1 bte**

*ou utiliser 1 tasse (250 mL) de fruits frais tranchés.

▼ **FAIRE DISSOUDRE** la poudre pour gelée dans l'eau bouillante. Mélanger l'eau froide et les glaçons pour obtenir 2 tasses (500 mL). Ajouter à la gelée et remuer jusqu'à ce que la gelée épaississe légèrement; retirer la glace non fondue. Mesurer 1 tasse (250 mL) de gelée et l'incorporer délicatement à la garniture fouettée. Verser dans un moule carré de 8 po (20 cm).

▼ **DISPOSER** les fruits sur la couche crémeuse, puis déposer le reste de la gelée sur les fruits. Réfrigérer jusqu'à ce que le tout soit ferme, environ 3 heures. Tailler en 9 carrés.

DONNE 9 portions de ½ tasse (125 mL).

TRUC : *Variantes : - Poudre pour gelée à la framboise ou à la fraise avec pêches ou ananas tranchés.*

- Poudre pour gelée à la cerise ou à la lime avec bananes ou poires tranchées.

- Poudre pour gelée à l'orange avec moitiés d'abricots.

UNE PORTION
Calories 75, Protéines 1,6 g, Matières grasses 4,2 g, Glucides 7,7 g, Fibres alimentaires 0,3 g

---

Mousse à la pêche

Préparation : 10 minutes   Réfrigération : 1 heure

1 boîte	(14 oz/398 mL) de pêches tranchées dans le jus de fruits	**1 bte**
1 paquet	(10,0 g) de poudre pour gelée JELL-O Léger à la framboise	**1 pqt**
½ tasse	de glaçons	**125 mL**

▼ **ÉGOUTTER** les pêches en réservant le jus. Ajouter de l'eau au jus pour obtenir ¾ tasse (175 mL) de liquide; porter ce liquide à ébullition.

▼ **VERSER** le liquide bouillant dans le récipient du mélangeur. Ajouter la poudre pour gelée et mélanger à basse vitesse jusqu'à ce que la gelée soit dissoute, environ 1 minute.

▼ **AJOUTER** les glaçons et mélanger à basse vitesse jusqu'à ce qu'ils soient partiellement fondus. Ajouter les pêches et mélanger à vitesse élevée jusqu'à ce

que la glace soit fondue, environ 30 secondes.

▼ **VERSER** dans 6 plats à dessert. Réfrigérer jusqu'à ce que la gelée soit prise, environ 1 heure.

DONNE 6 portions.

TRUC : *remplacer les pêches par 1 tasse (250 mL) de framboises fraîches, si désiré.*

UNE PORTION
Calories 36, Protéines 1,4 g, Matières grasses 0 g, Glucides 8,1 g, Fibres alimentaires 0,7 g

▼▼▼

▼ ▼ ▼ ▼ ▼ ▼

Mousse à la fraise et au yogourt

Préparation : 5 minutes   Réfrigération : 1 heure

¾ **tasse**	d'eau bouillante	**175 mL**
1 paquet	(10,1 g) de poudre pour gelée JELL-O Léger à la fraise	**1 pqt**
½ **tasse**	d'eau froide	**125 mL**
	Glaçons	
1 tasse	de yogourt nature faible en gras	**250 mL**

Fraises fraîches pour garnir (facultatif)

▼ **VERSER** l'eau bouillante dans le récipient du mélangeur. Ajouter la poudre pour gelée et mélanger à basse vitesse jusqu'à ce qu'elle soit dissoute, environ 1 minute.

▼ **MÉLANGER** l'eau froide et les glaçons pour obtenir 1 tasse (250 mL). Ajouter à la gelée et remuer jusqu'à ce que la glace soit presque fondue. Retirer la glace non fondue. Incorporer le yogourt.

▼ **RÉFRIGÉRER** dans des plats à dessert jusqu'à ce que la mousse soit prise, environ 1 heure.

Garnir de fraises fraîches, si désiré.

▼ **DONNE** 4 portions.

> **TRUC :** *pour de meilleurs résultats quand on dissout la poudre pour gelée dans le mélangeur, racler les côtés du récipient avec une spatule de caoutchouc après 1 minute.*
>
> **UNE PORTION**
> Calories 39, Protéines 3,5 g, Matières grasses 1,2 g, Glucides 3 g

Ci-dessus : Mousse à la fraise et au yogourt

Bagatelle classique aux fruits

Préparation : 30 minutes   Réfrigération : 2 heures ou jusqu'au lendemain

Couche de gelée

4 tasses	de gâteau quatre-quarts, coupé en cubes	**1 L**
2 c. à table	de xérès doux	**25 mL**
1 boîte	(14 oz/398 mL) de salade de fruits, égouttée	**1 bte**
1 paquet	(85 g) de poudre pour gelée JELL-O à la fraise	**1 pqt**

Couche de crème anglaise

1 paquet	(format 4 portions) de pouding et garniture pour tarte JELL-O à la vanille	**1 pqt**
2 c. à table	de xérès doux	**25 mL**
2 tasses	de garniture fouettée COOL WHIP, décongelée	**500 mL**

COUCHE DE GELÉE :

▼ **DÉPOSER** les cubes de gâteau dans un grand bol de service de 10 tasses (2,5 L); arroser de xérès. Ajouter la salade de fruits.

▼ **PRÉPARER** la poudre pour gelée comme indiqué dans la méthode de prise en 30 minutes sur l'emballage. Déposer la gelée légèrement épaissie sur la salade de fruits; réfrigérer jusqu'à ce que la gelée soit prise.

COUCHE DE CRÈME ANGLAISE :

▼ **PRÉPARER** le mélange pour pouding et garniture pour tarte comme indiqué sur l'emballage, en augmentant la quantité de lait à 2 ½ tasses (625 mL).

Ajouter le xérès. Couvrir d'une pellicule plastique; réfrigérer. Mesurer ⅔ tasse (150 mL) de garniture fouettée; mettre de côté.

▼ **INCORPORER** délicatement le pouding au reste de la garniture fouettée. Déposer sur la gelée dans le bol. Réfrigérer au moins 2 heures.

▼ **GARNIR** de la garniture fouettée réservée. Décorer de noix et de cerises confites, si désiré.

DONNE de 8 à 10 portions.

TRUC : la bagatelle peut être préparée jusqu'à 2 jours d'avance. Remplacer la salade de fruits par 2 tasses (500 mL) de fruits frais hachés, si désiré.

COMMENT FAIRE DES COPEAUX DE CHOCOLAT BAKER'S

Réchauffer légèrement le chocolat afin que sa texture soit suffisamment malléable. On peut réchauffer le chocolat en tenant le carré de chocolat enveloppé dans la paume de la main jusqu'à ce qu'il ramollisse un peu ou en le plaçant au micro-ondes au cycle de DÉCONGÉLATION et en calculant environ 1 minute par carré . Quand le carré de chocolat est légèrement ramolli et suffisamment malléable, passer avec soin un couteau-éplucheur sur ses surfaces lisses. Utiliser un cure-dents pour manier les copeaux sans les briser.

Couronne au lait de poule garnie aux cerises

Préparation : 1 heure   Réfrigération : 4 heures ou jusqu'au lendemain

1 boîte	(284 mL) de quartiers de mandarines	**1 bte**
1 paquet	(85 g) de poudre pour gelée JELL-O à la cerise ou à la canneberge	**1 pqt**
1 tasse	d'eau bouillante	**250 mL**
1 tasse	de pomme hachée	**250 mL**
1 paquet	(85 g) de poudre pour gelée JELL-O au citron	**1 pqt**
1 tasse	d'eau bouillante	**250 mL**
¾ tasse	de lait de poule en conserve ou frais	**175 mL**
¼ tasse	d'eau froide	**50 mL**
1 c. à thé	de rhum foncé (facultatif)	**5 mL**
2 tasses	de garniture fouettée COOL WHIP, décongelée	**500 mL**

▼ **ÉGOUTTER** les mandarines, en mesurant le sirop. Ajouter de l'eau au sirop pour obtenir 1 tasse (250 mL).

▼ **FAIRE DISSOUDRE** la poudre pour gelée à la cerise dans 1 tasse (250 mL) d'eau bouillante. Ajouter le liquide mesuré. Réfrigérer jusqu'à ce que la gelée épaississe légèrement, environ 1 ¼ heure. Ajouter les mandarines et les pommes.

▼ **DÉPOSER** dans un grand moule à gelée de 6 tasses (1,5 L). Réfrigérer.

▼ **ENTRE-TEMPS,** faire dissoudre la poudre pour gelée au citron dans 1 tasse (250 mL) d'eau bouillante. Laisser refroidir à température ambiante. Ajouter le lait de poule, l'eau froide et le rhum. Réfrigérer jusqu'à ce que le mélange épaississe légèrement, environ 1 ¼ heure.

▼ **INCORPORER** le mélange au lait de poule dans 1 tasse (250 mL) de garniture fouettée. Déposer sur la couche de gelée aux fruits dans le moule.

▼ **RÉFRIGÉRER** jusqu'à ce que le tout soit pris, environ 4 heures ou jusqu'au lendemain. Démouler sur une assiette de service refroidie. Garnir avec le reste de la garniture fouettée.

DONNE 10 portions.

TRUC : garnir de cerises enrobées de sucre, si désiré. Pour enrober de sucre, battre 1 blanc d'oeuf jusqu'à ce qu'il soit mousseux. Tremper les cerises dans le blanc d'oeuf et ensuite dans le sucre granulé.

Ci-contre : Bagatelle classique aux fruits

Ci-dessus : Couronne au lait de poule garnie aux cerises

Ci-dessus : Bonshommes de pain d'épices et
Boules de maïs soufflé au micro-ondes

▼ ▼ ▼ ▼ ▼ ▼

Bonshommes de pain d'épices

Préparation : 20 minutes   Cuisson : de 10 à 12 minutes

1 paquet	(format 6 portions) de pouding et garniture pour tarte JELL-O au caramel écossais	**1 pqt**
¾ tasse	de beurre	**175 mL**
¾ tasse	de cassonade bien tassée	**175 mL**
1	œuf	**1**
2 ¼ tasses	de farine tout usage	**550 mL**
1 c. à thé	de bicarbonate de soude	**5 mL**
1 c. à table	de gingembre moulu	**15 mL**
1 ½ c. à thé	de cannelle moulue	**7 mL**

▼ **BATTRE** en crème le mélange à pouding et garniture pour tarte avec le beurre et la cassonade. Ajouter l'œuf et bien mélanger.

▼ **MÉLANGER** la farine, le bicarbonate, le gingembre et la cannelle; incorporer au mélange de pouding. Réfrigérer la pâte jusqu'à ce qu'elle soit ferme, environ 1 heure.

▼ **ABAISSER** la pâte sur une surface farinée, à ¼ po (0,5 cm) d'épaisseur et découper à l'emporte-pièce.

▼ **PLACER** les biscuits sur une plaque à biscuits grais-sée; utiliser une paille pour faire un trou dans le haut du biscuit pour pouvoir l'accrocher dans l'arbre.

▼ **CUIRE** au four à 350 °F (180 °C), de 10 à 12 minutes. Retirer du four et laisser refroidir sur une grille. Décorer au goût.

DONNE de 16 à 18 bonshommes de pain d'épices.

TRUC : les petits tubes de glaçage sont idéals pour décorer les biscuits.

Boules de maïs soufflé au micro-ondes

Préparation : 10 minutes

¼ tasse	de beurre	**50 mL**
6 tasses	de guimauves miniatures	**1500 mL**
1 paquet	(85 g) de poudre pour gelée JELL-O, saveur au choix	**1 pqt**
12 tasses	de maïs soufflé	**3 L**
1 tasse	d'arachides (facultatif)	**250 mL**

▼ **PLACER** le beurre et les guimauves dans un grand bol allant au micro-ondes. Chauffer au micro-ondes à HAUTE intensité, de 1 ½ à 2 minutes ou jusqu'à ce que les guimauves soient gonflées.

▼ **AJOUTER** la poudre pour gelée sèche; remuer jusqu'à ce que le tout soit bien mélangé.

▼ **VERSER** le mélange de guimauves sur le maïs souf-flé et les arachides mélangés ensemble. Remuer rapidement pour bien enrober.

▼ **FAÇONNER** en boules, en oursons ou autres formes, avec les mains graissées. Décorer au goût.

DONNE environ 36 boules.

TRUC : remplacer les arachides par des raisins secs, si désiré. Travailler rapidement pour mélanger le maïs soufflé au mélange de guimauves sinon le mélange va épaissir.

▼ ▼ ▼

Ci-dessus : Les barres Nanaïmo préférées de la famille et Coupes Cappuccino

▼ ▼ ▼ ▼ ▼ ▼ ▼

Les barres Nanaïmo préférées de la famille

Préparation : 30 minutes   Réfrigération : 3 heures

3 carrés	de chocolat non sucré BAKER'S	**3 carrés**
½ tasse	de beurre	**125 mL**
1 ½ tasse	de chapelure de graham	**375 mL**
½ tasse	de pacanes grillées, hachées fin	**125 mL**
1 paquet	(format 4 portions) de pouding instantané JELL-O à la vanille	**1 pqt**
⅓ tasse	de **chacun** : beurre et eau bouillante	**75 mL**
2 tasses	de sucre à glacer	**500 mL**
3 carrés	de chocolat mi-sucré BAKER'S	**3 carrés**
½ tasse	de crème 35 %	**125 mL**

▼ **FAIRE FONDRE** le chocolat non sucré et ½ tasse (125 mL) de beurre à feu doux, retirer du feu. Ajouter la chapelure et les pacanes; bien mélanger.

▼ **PRESSER** dans un moule carré de 9 po (23 cm). Réfrigérer.

▼ **MÉLANGER** le mélange à pouding, ⅓ tasse (75 mL) de beurre et l'eau; incorporer le sucre à glacer en remuant jusqu'à ce que le mélange soit lisse. Étendre sur la croûte; réfrigérer jusqu'à ce que la garniture soit prise, environ 1 heure.

▼ **FAIRE FONDRE** le chocolat mi-sucré et la crème à feu doux; remuer jusqu'à ce que le mélange soit lisse. Étendre sur la couche de pouding. Réfrigérer.

▼ **CONSERVER** au réfrigérateur; laisser reposer à température ambiante 30 minutes avant de tailler. Saupoudrer de sucre à glacer, si désiré.

DONNE 24 barres.

TRUC : utiliser toute autre saveur de pouding, au goût. Conserver dans un récipient hermétique au réfrigérateur jusqu'à une semaine.

Coupes au cappuccino

Préparation : 15 minutes   Congélation : 6 heures

12	gaufrettes au chocolat	**12**
2 c. à table	de granules de café instantané	**25 mL**
¼ tasse	d'eau chaude	**50 mL**
1 ½ tasse	de crème 10 % ou de lait	**375 mL**
1 paquet	(format 4 portions) de pouding instantané JELL-O à la vanille	**1 pqt**
¼ c. à thé	de cannelle moulue	**1 mL**
3 ½ tasses	de garniture fouettée COOL WHIP, décongelée	**875 mL**
2 carrés	de chocolat mi-sucré BAKER'S, fondus	**2 carrés**

▼ **PLACER** 1 biscuit dans le fond de 12 moules à muffins garnis de coupes en papier.

▼ **FAIRE DISSOUDRE** le café instantané dans l'eau chaude dans un bol moyen. Ajouter la crème, le mélange pour pouding et la cannelle. Battre au fouet environ 2 minutes. Laisser reposer 5 minutes ou jusqu'à ce que le pouding épaississe légèrement.

▼ **INCORPORER** délicatement la garniture fouettée. Déposer dans les moules à muffins. Congeler jusqu'à ce que le mélange soit ferme, environ 6 heures.

▼ **RETIRER** le dessert des coupes en papier. Placer sur des assiettes à dessert individuelles. Arroser chaque coupe de chocolat fondu.

DONNE 12 coupes individuelles.

TRUC : garnir de grains de café enrobés de chocolat, si désiré.

▼ ▼ ▼

Ci-dessus : Tarte à la crème de menthe facile,
Fantaisie aux cerises

▼ ▼ ▼ ▼ ▼ ▼

Tarte à la crème de menthe facile

Préparation : 20 minutes   Réfrigération : 3 heures ou jusqu'au lendemain

1 paquet	(85 g) de poudre pour gelée JELL-O à la lime	**1 pqt**
²/₃ tasse	d'eau bouillante	**150 mL**
2 tasses	de glaçons	**500 mL**
1 tasse	de garniture fouettée COOL WHIP, décongelée	**250 mL**
2 c. à table	de crème de menthe	**25 mL**
1	croûte de gaufrettes au chocolat de 9 po (23 cm), préparée	**1**

▼ **FAIRE DISSOUDRE** la poudre pour gelée dans l'eau bouillante. Ajouter les glaçons en remuant constamment jusqu'à ce que la gelée commence à épaissir, de 3 à 5 minutes. Retirer la glace non fondue.

▼ **AJOUTER** la garniture fouettée et la liqueur à la gelée en remuant au fouet jusqu'à ce que le tout soit bien mélangé.

▼ **DÉPOSER** dans la croûte. Réfrigérer 3 heures.

Garnir de tranches de lime ou de feuilles de menthe, si désiré.

DONNE 8 portions.

> **TRUC** : si on n'a pas de crème de menthe, on peut la remplacer par 1 c. à thé (5 mL) d'essence de menthe et plusieurs gouttes de colorant alimentaire vert.

Fantaisie aux cerises

Préparation : 30 minutes   Réfrigération : 4 heures ou jusqu'au lendemain

3 carrés	de chocolat mi-sucré BAKER'S, hachés	**3 carrés**
2 paquets	(85 g **chacun**) de poudre pour gelée JELL-O à la cerise	**2 pqt**
2 tasses	d'eau bouillante	**500 mL**
4 tasses	de glaçons	**1 L**
4 tasses	de garniture fouettée COOL WHIP, décongelée	**1 L**
1 tasse	de garniture pour tarte aux cerises	**250 mL**
3 carrés	de chocolat mi-sucré BAKER'S (pour garnir)	**3 carrés**

Cerises au marasquin avec les queues

▼ **FAIRE FONDRE** le chocolat dans un bol allant au micro-ondes à intensité MOYENNE, environ 2 minutes. Remuer jusqu'à ce que le chocolat soit lisse. Arroser de chocolat fondu l'intérieur d'un bol en verre de 8 à 10 tasses (2 à 2,5 L) avec une cuillère. Réfrigérer le bol.

▼ **FAIRE DISSOUDRE** la poudre pour gelée dans l'eau bouillante. Ajouter les glaçons et remuer jusqu'à ce que la gelée commence à épaissir. Retirer la glace non fondue. Incorporer 3 tasses (750 mL) de garniture fouettée avec un fouet et réfrigérer jusqu'à ce

que le mélange épaississe légèrement, environ 20 minutes. Incorporer délicatement la garniture pour tarte aux cerises et déposer dans le bol en verre. Réfrigérer 4 heures ou jusqu'au lendemain.

▼ **GARNIR** du reste de la garniture fouettée, de copeaux de chocolat et de cerises au moment de servir.

DONNE de 10 à 12 portions.

> **TRUC** : Laisser refroidir le chocolat légèrement pour éviter qu'il ne coule sur les cotés du moule.

▼ ▼ ▼

Délices truffées

Préparation : 15 minutes   Congélation : 4 heures ou jusqu'au lendemain

6 carrés	de chocolat mi-sucré BAKER'S	**6 carrés**
¼ tasse	de beurre	**50 mL**
1 paquet	(200 g) de noix de coco BAKER'S ANGEL FLAKE	**1 pqt**
1 paquet	(250 g) de fromage à la crème PHILADELPHIA, ramolli	**1 pqt**
2 ½ tasses	de lait ou de crème 10 %	**625 mL**
1 paquet	(format 4 portions) de pouding instantané JELL-O au chocolat	**1 pqt**
1 tasse	de garniture fouettée COOL WHIP, décongelée	**250 mL**
2 carrés	de chocolat mi-sucré BAKER'S, râpés	**2 carrés**

▼ **GARNIR** un moule de 13 x 9 po (33 x 23 cm) de papier ciré en le laissant dépasser des bords.

▼ **FAIRE CHAUFFER** le chocolat et le beurre à feu doux ou au micro-ondes à intensité MOYENNE, 2 minutes ou jusqu'à ce que le beurre soit fondu. Remuer jusqu'à ce que le mélange soit complètement lisse; réserver 2 c. à table (25 mL).

▼ **INCORPORER** le chocolat à la noix de coco; remuer pour enrober uniformément. Presser le mélange dans le moule garni.

▼ **BATTRE** le fromage à la crème au batteur électrique à vitesse moyenne jusqu'à ce qu'il soit lisse; ajouter le chocolat réservé en battant. Ajouter graduellement le lait en battant.

▼ **AJOUTER** le mélange pour pouding. Battre à basse vitesse jusqu'à ce que le mélange soit homogène, environ 2 minutes. Incorporer délicatement la garniture fouettée. Déposer sur la croûte. Parsemer du chocolat râpé en le pressant légèrement. Congeler jusqu'à ce que le mélange soit ferme, environ 4 heures ou jusqu'au lendemain.

▼ **RETIRER** du congélateur. Passer un couteau autour du moule. Soulever du moule et déposer sur une planche à découper. Retirer le papier ciré. Tailler en pointes de diamant, en carrés ou en triangles. Conserver les restes au réfrigérateur ou au congélateur.

DONNE environ 20 morceaux.

À PROPOS DU FROMAGE À LA CRÈME PHILADELPHIA

Le fromage à la crème est né à Chester, New York en 1872. Il est fait d'un mélange de lait et de crème, ce qui lui donne sa richesse et son velouté. Le fromage à la crème est un fromage frais et humide, non mûri et non fermenté. Le fromage à la crème Philadelphia produit par Kraft est une des fromages à la crème les plus connus. Le fromage à la crème se présente nature, épicé ou assaisonné. Il s'utilise surtout comme tartinades, trempettes, sauces ou dans les desserts comme le gâteau au fromage.

Ci-contre : Délices truffées et Tiramisu facile

▼ ▼ ▼ ▼ ▼ ▼

Tiramisu facile

Préparation : 30 minutes   Cuisson : 10 minutes   Réfrigération : 4 heures ou jusqu'au lendemain

1 paquet	(format 6 portions) de pouding et garniture pour tarte JELL-O à la vanille	**1 pqt**
1 paquet	(250 g) de fromage à la crème PHILADELPHIA, ramolli	**1 pqt**
¼ tasse	de liqueur de café	**50 mL**
1 c. à table	de granules de café instantané	**15 mL**
½ tasse	d'eau chaude	**125 mL**
1 c. à table	de sucre granulé	**15 mL**
1 paquet	(7 oz/200 g) de boudoirs	**1 pqt**
1 ½ tasse	de garniture fouettée COOL WHIP, décongelée	**375 mL**
4 carrés	de chocolat mi-sucré BAKER'S, râpés grossièrement	**4 carrés**

▼ **PRÉPARER** le mélange pour pouding et garniture pour tarte comme indiqué sur l'emballage. Incorporer le fromage à la crème et la liqueur de café à la garniture chaude en remuant au fouet. Couvrir d'une pellicule de plastique et réfrigérer 1 heure.

▼ **MÉLANGER** le café, l'eau chaude et le sucre; en badigeonner les boudoirs.

▼ **INCORPORER** délicatement la garniture fouettée au mélange de pouding.

▼ **GARNIR** le fond d'un bol en verre de 8 tasses (2 L) de la moitié des boudoirs. Étendre la moitié du mélange de pouding sur les boudoirs; parsemer de la moitié du chocolat râpé. Répéter les couches. Couvrir hermétiquement; réfrigérer 4 heures ou jusqu'au lendemain pour marier les saveurs.

DONNE de 10 à 12 portions.

COMMENT RÂPER LE CHOCOLAT BAKER'S

Utiliser une râpe fine ou grossière. Pour des morceaux plus gros, utiliser la râpe grossière et réchauffer le chocolat comme pour les copeaux de chocolat. Râper le chocolat sur une feuille de papier ciré. Le robot culinaire muni d'une râpe fonctionne bien aussi.

▼ ▼ ▼

Tarte au fromage et au citron

Préparation : 25 minutes   Réfrigération : 3 heures

1	croûte de tarte de 9 po (23 cm), cuite	**1**
1 paquet	(113 g) de garniture pour tarte au citron JELL-O	**1 pqt**
½ tasse	de sucre granulé	**125 mL**
1 ¼ tasse	d'eau	**300 mL**
2	jaunes d'oeufs	**2**
1 tasse	de lait	**250 mL**
1 paquet	(125 g) de fromage à la crème PHILADELPHIA , ramolli	**1 pqt**
1 c. à table	de beurre	**15 mL**
2	blancs d'oeufs	**2**
¼ tasse	de sucre granulé	**50 mL**

▼ **RÉFRIGÉRER** la croûte cuite.

▼ **MÉLANGER** le mélange pour garniture pour tarte, ½ tasse (125 mL) de sucre et ¼ tasse (50 mL) d'eau dans une casserole. Incorporer les jaunes d'oeufs, 1 tasse (250 mL) d'eau qui reste et le lait.

▼ **PORTER** à ébullition à gros bouillons à feu moyen, en remuant constamment.

▼ **BATTRE** le fromage à la crème dans un petit bol jusqu'à ce qu'il soit lisse. Incorporer au fromage la moitié de la garniture pour tarte, en battant. Incorporer le beurre dans l'autre moitié de la garniture pour tarte.

▼ **BATTRE** les blancs d'oeufs jusqu'à ce qu'ils soient bien mousseux. Ajouter graduellement ¼ tasse (50 mL) de sucre en battant et continuer de battre jusqu'à ce que le mélange forme des pics fermes et brillants.

▼ **INCORPORER** délicatement les blancs d'oeufs dans le mélange de citron et de fromage. Étendre uniformément dans la croûte de tarte cuite. Réfrigérer 5 minutes.

▼ **DÉPOSER** uniformément le reste de la garniture pour tarte sur la garniture dans la croûte. Réfrigérer 3 heures avant de servir.

DONNE environ 8 portions.

> *TRUC : pour une saveur de citron plus prononcée, remplacer 2 c. à table (25 mL) de l'eau par 2 c. à table (25 mL) de jus de citron et ajouter au pouding 1 c. à thé (5 mL) de zeste de citron râpé.*

▼ ▼ ▼ ▼ ▼ ▼ ▼

Barres à la noix de coco et au citron

Préparation : 20 minutes   Cuisson : de 50 à 60 minutes

½ **tasse**	de beurre	**125 mL**
¼ **tasse**	de sucre à glacer	**50 mL**
1 ¼ **tasse**	de farine tout usage	**300 mL**
2	oeufs	**2**
½ **tasse**	de sucre granulé	**125 mL**
1 paquet	(113 g) de garniture pour tarte au citron JELL-O	**1 pqt**
½ **c. à thé**	de poudre à pâte	**2 mL**
1 tasse	de dattes hachées	**250 mL**
1 ½ **tasse**	de noix de coco BAKER'S ANGEL FLAKE	**350 mL**
	Sucre à glacer	

▼ **BATTRE EN CRÈME** le beurre et le sucre à glacer. Ajouter la farine et bien mélanger.

▼ **PRESSER** uniformément dans le fond d'un moule carré de 8 po (20 cm).

▼ **CUIRE** au four à 350 °F (180 °C) de 20 à 25 minutes, jusqu'à ce que le dessus soit légèrement doré.

▼ **ENTRE-TEMPS,** battre les oeufs jusqu'à ce qu'ils soient épais et de couleur jaune pâle. Ajouter graduellement le sucre granulé en battant.

▼ **INCORPORER** le mélange pour garniture pour tarte et la poudre à pâte. Incorporer délicatement les dattes et la noix de coco.

▼ **ÉTENDRE** sur la croûte cuite chaude. Remettre au four et cuire de 30 à 35 minutes de plus, jusqu'à ce que le dessus soit doré. Laisser refroidir.

▼ **SAUPOUDRER** de sucre à glacer, si désiré; tailler en barres. Conserver dans un récipient hermétique.

DONNE de 1 à 1 ½ douzaine de barres.

> **TRUC :** *remplacer les dattes par des abricots séchés, si désiré.*

À PROPOS DES DATTES

Pour couper les dattes facilement, tremper un couteau ou des ciseaux de cuisine dans l'eau chaude de temps en temps pour empêcher de coller. Conserver dans un récipient hermétique au réfrigérateur pour garder frais.

Ci-contre : Barres à la noix de coco et au citron, Tarte au fromage et au citron

▼ ▼ ▼

*Ci-dessus : Fruits étincelants dans la gelée Fraise-Kiwi
avec coupes de pouding à la vanille*

▼ ▼ ▼ ▼ ▼ ▼

Fruits étincelants dans la gelée Fraise-Kiwi

Préparation : 40 minutes   Réfrigération : 3 heures ou jusqu'au lendemain

Croûte

1 ½ tasse	de chapelure de graham	**375 mL**
⅓ tasse	de beurre fondu	**75 mL**
¼ tasse	de sucre granulé	**50 mL**

Couche du fond

2 paquets	(85 g **chacun**) de poudre pour gelée JELL-O Fraise-Kiwi ou au citron	**2 pqt**
2 tasses	d'eau bouillante	**500 mL**
3 tasses	de crème glacée à la vanille	**750 mL**

Couche du dessus

	Fraises tranchées et tranches de zeste de lime pour les tiges	
2 paquets	(85 g **chacun**) de poudre pour gelée JELL-O Fraise-Kiwi ou au citron	**2 pqt**
1 tasse	d'eau bouillante	**250 mL**
1 tasse	d'eau froide	**250 mL**

CROÛTE :

▼ **MÉLANGER** la chapelure, le beurre et le sucre; presser dans le fond d'un moule à charnière de 9 po (23 cm). Réfrigérer.

COUCHE DU FOND :

▼ **FAIRE DISSOUDRE** les deux poudres pour gelée dans l'eau bouillante. Incorporer la crème glacée par cuillerées en remuant au fouet jusqu'à ce que le mélange soit lisse. Réfrigérer 15 minutes. Remuer de nouveau au fouet jusqu'à ce que le mélange soit lisse. Déposer dans le moule préparé. Réfrigérer 45 minutes.

COUCHE DU DESSUS :

▼ **DISPOSER** joliment les fruits sur l'étage du fond qui devrait être pris mais encore collant. Réfrigérer pendant la préparation de la couche transparente.

▼ **FAIRE DISSOUDRE** les deux poudres pour gelée dans l'eau bouillante. Ajouter l'eau froide. Réfrigérer 15 minutes. Déposer doucement une mince couche de gelée sur les fruits. Réfrigérer le moule 10 minutes. Déposer le reste de la gelée sur le dessus. Réfrigérer 3 heures ou jusqu'au lendemain.

DONNE de 10 à 12 portions.

> *TRUC : utiliser la méthode de prise en 30 minutes **pour la couche du dessus**, si désiré. Faire dissoudre les 2 poudres pour gelée dans 1 ⅓ tasse (300 mL) d'eau bouillante. Ajouter 2 tasses (500 mL) de glaçons et remuer jusqu'à ce que la gelée soit légèrement épaisse. Retirer la glace non fondue. Incorporer 1 tasse (250 mL) de fraises tranchées. Déposer sur la couche de crème glacée. Réfrigérer 3 heures ou jusqu'au lendemain.*

Photo de la page couverture

▼ ▼ ▼

Ci-dessus : Tarte aux canneberges et à l'orange,
Coupes de crème au citron

▼ ▼ ▼ ▼ ▼ ▼ ▼

Coupes de crème au citron

Préparation : 15 minutes   Réfrigération : 4 heures ou jusqu'au lendemain

2 paquets	(85 g **chacun**) de poudre pour gelée JELL-O au citron	**2 pqt**
2 tasses	d'eau bouillante	**500 mL**
½ tasse	d'eau froide	**125 mL**
1 ½ tasse	de lait froid	**375 mL**
1 paquet	(format 4 portions) de pouding instantané JELL-O à la vanille	**1 pqt**
½ c. à thé	de muscade moulue	**2 mL**
2 tasses	de garniture fouettée COOL WHIP, décongelée	**500 mL**

▼ **FAIRE DISSOUDRE** la poudre pour gelée dans l'eau bouillante. Incorporer l'eau froide. Laisser refroidir à température ambiante.

▼ **VERSER** le lait dans un autre bol. Ajouter le mélange pour pouding. Battre 30 secondes avec un fouet métallique. Incorporer immédiatement à la gelée refroidie et remuer jusqu'à ce que le mélange soit lisse. Incorporer la muscade. Réfrigérer environ 1 ½ heure ou jusqu'à ce que le mélange épaississe légèrement.

▼ **INCORPORER** la garniture fouettée avec un fouet métallique, en remuant jusqu'à ce que le mélange soit lisse et crémeux. Déposer dans 10 plats à dessert individuels ou 10 grandes tasses.

▼ **RÉFRIGÉRER** 4 heures ou jusqu'à ce que le mélange soit pris. Garnir de garniture fouettée additionnelle et saupoudrer de muscade moulue additionnelle au moment de servir.

DONNE 10 portions.

> **TRUC :** couper le dessus des citrons. Retirer la chair de chacun. Gratter les coquilles avec une cuillère en métal. Farcir du mélange au citron. Réfrigérer.

Tarte aux canneberges et à l'orange

Préparation : 30 minutes   Réfrigération : 3 heures ou jusqu'au lendemain

1 paquet	(85 g) de poudre pour gelée JELL-O à la canneberge	**1 pqt**
1 tasse	d'eau bouillante	**250 mL**
2 tasses	de glaçons	**500 mL**
3 tasses	de garniture fouettée COOL WHIP, décongelée	**750 mL**
¾ tasse	de sauce aux canneberges entières	**175 mL**
1 c. à thé	de zeste d'orange râpé	**5 mL**
1	croûte de tarte graham préparée de 9 po (23 cm)	**1**
	Canneberges givrées de sucre, facultatif	
	Tranches d'orange, coupées en petites pointes	

▼ **FAIRE DISSOUDRE** la poudre de gelée dans l'eau bouillante, en remuant jusqu'à ce qu'elle soit complètement dissoute, environ 2 minutes. Ajouter les glaçons. Remuer jusqu'à ce que la gelée épaississe, de 3 à 5 minutes. Retirer la glace non fondue.

▼ **INCORPORER** délicatement la gelée à 2 ½ tasses (625 mL) de garniture fouettée; mélanger jusqu'à ce que le tout soit lisse. Incorporer délicatement la sauce aux canneberges et le zeste d'orange.

▼ **RÉFRIGÉRER** 20 minutes ou jusqu'à ce que le mélange soit épais.

▼ **DÉPOSER** dans la croûte. Réfrigérer 3 heures.

▼ **GARNIR** du reste de la garniture fouettée, de canneberges givrées et de tranches d'orange.

DONNE 8 portions.

> **TRUC :** pour givrer des canneberges fraîches, tremper dans du blanc d'œuf légèrement battu; rouler dans le sucre dans une assiette plate pour bien enrober. Placer sur un plateau garni de papier ciré.

▼ ▼ ▼

Gâteau au pouding aux trois chocolats et aux amandes

Préparation : 20 minutes   Cuisson : de 55 à 60 minutes

Gâteau

1 paquet	(format 2 étages) de mélange pour gâteau au chocolat foncé ou au chocolat	**1 pqt**
1 paquet	(format 4 portions) de pouding instantané JELL-O au chocolat	**1 pqt**
1 tasse	de crème sure ou de yogourt nature	**250 mL**
½ tasse	d'huile végétale	**125 mL**
½ tasse	d'eau	**125 mL**
½ tasse	d'amandes grillées hachées	**125 mL**
4	oeufs	**4**
3 c. à table	de liqueur d'amande ou 1 c. à thé (5 mL) d'extrait d'amande	**45 mL**
1 tasse	de grains de chocolat mi-sucré BAKER'S	**250 mL**

Glace

4 carrés	de chocolat mi-sucré BAKER'S	**4 carrés**
2 c. à table	de beurre	**25 mL**
2 c. à table	de liqueur d'amande	**25 mL**
½ c. à thé	d'huile végétale	**2 mL**

GÂTEAU :

▼ **DÉPOSER** tous les ingrédients, sauf les grains de chocolat, dans le grand bol du batteur électrique et battre 4 minutes à vitesse moyenne. Incorporer les grains de chocolat. Déposer dans un moule à cheminée ordinaire ou cannelé de 10 po (25 cm), graissé et fariné.

▼ **CUIRE** au four à 350 °F (180 °C), de 55 à 60 minutes ou jusqu'à ce que le gâteau reprenne sa forme quand on le presse légèrement. Laisser refroidir dans le moule 15 minutes. Démouler et laisser refroidir complètement sur une grille.

GLACE :

▼ **FAIRE FONDRE** le chocolat avec le beurre au-dessus de l'eau chaude. Incorporer la liqueur et l'huile. Déposer sur le gâteau. Garnir d'amandes effilées grillées et de copeaux de chocolat, si désiré.

DONNE de 10 à 12 portions.

> *TRUC : pour obtenir un gâteau plus foncé, saupoudrer le moule de cacao à la place de la farine. Utiliser un moule de 13 x 9 po (33 x 23 cm) si désiré et ajuster le temps de cuisson.*

Ci-contre : Gâteau au pouding aux trois chocolats et aux amandes

Ci-dessus : Gâteau carrousel

▼ ▼ ▼ ▼ ▼ ▼

Gâteau carrousel

Préparation : 30 minutes   Cuisson : 50 minutes

1 paquet	(format 6 portions) de pouding instantané JELL-O à la vanille	**1 pqt**
1 paquet	(format 2 étages) de préparation pour gâteau doré	**1 pqt**
4	oeufs	**4**
1 tasse	d'eau	**250 mL**
¼ tasse	d'huile végétale	**50 mL**
⅔ tasse	de lait froid	**150 mL**
	Décorations à gâteaux (facultatif)	
	Papier de couleur et pailles en plastique	
	Biscuits animaux	

▼ **RÉSERVER** ⅓ tasse (75 mL) du mélange pour pouding.

▼ **MÉLANGER** la préparation pour gâteau, le reste du mélange pour pouding, les oeufs, l'eau et l'huile dans un grand bol. Battre au batteur électrique à basse vitesse jusqu'à ce que le tout soit juste humide, en raclant souvent les côtés du bol. Battre 4 minutes à vitesse moyenne.

▼ **DÉPOSER** la pâte dans un moule à cheminée cannelé de 10 po (25 cm), graissé et fariné.

▼ **CUIRE AU FOUR** à 350 °F (180 °C), 50 minutes ou jusqu'à ce qu'un cure-dents inséré au centre en ressorte propre. Laisser refroidir 15 minutes dans le moule. Démouler; laisser refroidir complètement sur une grille.

▼ **BATTRE** le mélange pour pouding réservé et le lait dans un petit bol jusqu'à ce que le tout soit lisse. Déposer sur le dessus du gâteau pour glacer. Garnir avec les décorations à gâteau, si désiré.

▼ **COUPER** un cercle de 10 à 12 po (25 à 30 cm) dans du papier coloré; festonner le bord, si désiré. Faire une fente jusqu'au centre. Faire chevaucher les côtés coupés de façon à former un toit de carrousel; fixer avec un ruban gommé. Couper les pailles en deux; les insérer autour du gâteau, sur le dessus. Disposer les biscuits animaux à la base des pailles. Couvrir du toit.

DONNE 12 portions.

TRUC : utiliser du pouding instantané JELL-O au chocolat et une préparation pour gâteau au chocolat, si désiré.

Mousse angélique au melon

Préparation : 20 minutes   Réfrigération : 4 heures

2 paquets	(85 g **chacun**) de poudre pour gelée JELL-O, Méli-melon ou Fraise-Kiwi	**2 pqt**
2 tasses	de **chacun** : eau bouillante et glaçons	**500 mL**
4 tasses	de garniture fouettée COOL WHIP, décongelée	**1 L**
1	(200 g) gâteau des anges coupé en petits cubes	**1**
1 tasse	de **chacun** : cantaloup et melon miel, coupés en cubes	**250 mL**

▼ **FAIRE DISSOUDRE** la poudre pour gelée dans l'eau bouillante. Ajouter les glaçons, en remuant jusqu'à ce que la gelée épaississe, de 3 à 5 minutes.

▼ **INCORPORER** délicatement la moitié de la garniture fouettée; ajouter le gâteau et le melon.

▼ **VERSER** dans un bol de 6 tasses (1,5 L) garni d'une pellicule plastique.

▼ **RÉFRIGÉRER** 4 heures ou jusqu'au lendemain.

▼ **DÉMOULER** sur une assiette de service; retirer la pellicule plastique. Glacer avec le reste de la garniture fouettée; garnir de melon additionnel, si désiré.

DONNE de 10 à 12 portions.

TRUC : on peut préparer le dessert 2 jours à l'avance.

▼ ▼ ▼

Ci-dessus : Mousse angélique au melon

Fête de la Confédération

Carrés de célébration

Préparation : 30 minutes   Réfrigération : 30 minutes

1 tasse	de chapelure de graham	**250 mL**
¼ tasse	de beurre fondu	**50 mL**
1 paquet	(250 g) de fromage à la crème PHILADELPHIA, ramolli	**1 pqt**
¼ tasse	de sucre granulé	**50 mL**
4 tasses	de garniture fouettée COOL WHIP, décongelée	**1 L**
2 paquets	(85 g **chacun**) de poudre pour gelée JELL-O à la cerise ou à la fraise	**2 pqt**
1 boîte	(14 oz/398 mL) d'ananas broyés, égouttés	**1 bte**
1 carré	de chocolat mi-sucré BAKER'S, fondu	**1 carré**

▼ **MÉLANGER** la chapelure et le beurre. Presser fermement dans le fond d'un moule de 13 x 9 po (33 x 22 cm). Réfrigérer.

▼ **BATTRE** le fromage à la crème et le sucre jusqu'à ce que le mélange soit lisse. Incorporer délicatement à la moitié de la garniture fouettée. Étendre dans la croûte.

▼ **PRÉPARER** la poudre pour gelée comme indiqué dans la méthode de prise en 30 minutes sur l'emballage.

▼ **INCORPORER** immédiatement les ananas égouttés dans la gelée. Déposer sur la couche de fromage à la crème.

▼ **RÉFRIGÉRER** 30 minutes. Étendre le reste de la garniture fouettée sur la gelée.

▼ **DÉCORER** de Rigolos en feuilles d'érable, si désiré (voir recette des Rigolos à la page 23).

DONNE 20 morceaux.

TRUC : faire ramollir le fromage à la crème au micro-ondes, au cycle de DÉCONGÉLATION, pendant 2 minutes.

À PROPOS DE LA CARAMBOLE

La carambole, aussi nommée « fruit étoile », est un fruit ovale de la grosseur d'une orange, à sillons profonds, dont la peau brillante passe du jaune clair au jaune doré. Une fois coupé transversalement, le fruit ressemble à une étoile. Sa chair juteuse et ferme a un goût rafraîchissant se rapprochant un peu de la prune.

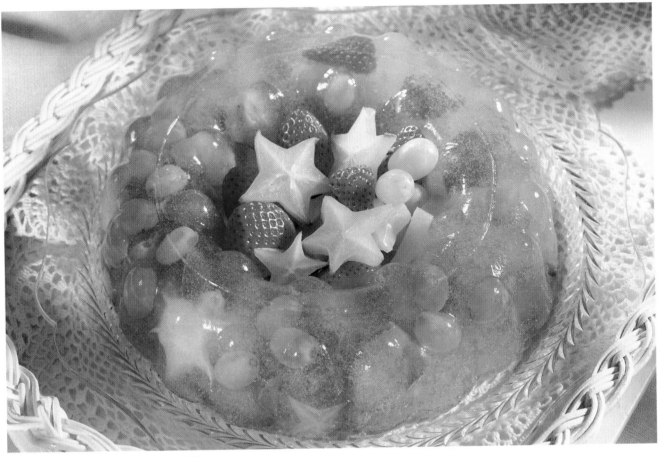

Couronne à la sangria

Préparation : 30 minutes   Réfrigération : 4 heures ou jusqu'au lendemain

2 paquets	(85 g **chacun**) de poudre pour gelée JELL-O au citron	**2 pqt**
1 ½ tasse	de vin blanc sec, bouillant	**375 mL**
2 tasses	de soda nature refroidi	**500 mL**
1 c. à table	de liqueur d'orange (facultatif)	**15 mL**
3 tasses	de fruits : fraises tranchées, carambole tranchée, raisins verts et rouges	**750 mL**

Fruits additionnels pour garnir

▼ **FAIRE DISSOUDRE** les 2 paquets de poudre pour gelée dans le vin bouillant, dans un bol moyen. Laisser refroidir à température ambiante.

▼ **AJOUTER** le soda nature et la liqueur. Réfrigérer jusqu'à ce que la gelée épaississe légèrement.

▼ **INCORPORER** délicatement 3 tasses (750 mL) de fruits. Verser dans un moule à gelée ou un moule à pain de 6 tasses (1,5 L). Réfrigérer 4 heures ou jusqu'au lendemain.

▼ **POUR DÉMOULER,** tremper le moule dans l'eau tiède pendant environ 10 secondes. Détacher déli-catement la gelée des bords du moule avec les doigts mouillés. Placer une assiette de service mouillée sur le dessus du moule. Retourner le moule et l'assiette; en tenant le moule et l'assiette ensemble, secouer légèrement pour dégager. Retirer délicatement le moule et centrer la gelée sur l'assiette. Garnir de fruits additionnels.

DONNE 12 portions.

TRUC : *graisser légèrement le moule avec de l'huile végétale pour faciliter le démoulage.*

Ci-contre : Carrés de célébration

Ci-dessus : Couronne à la sangria

Tarte aux fruits des champs

Préparation : 30 minutes   Réfrigération : 3 heures

1 paquet	(85 g) de poudre pour gelée JELL-O à la fraise	**1 pqt**
²/₃ tasse	d'eau bouillante	**150 mL**
2 tasses	de glaçons	**500 mL**
4 tasses	de garniture fouettée COOL WHIP, décongelée	**1 L**
¹/₃ tasse	de **chacun** : fraises écrasées, framboises entières et bleuets entiers	**75 mL**
1	croûte de chapelure graham préparée de 9 po (23 cm)	**1**

Fruits supplémentaires pour garnir, si désiré

▼ **FAIRE DISSOUDRE** la poudre pour gelée dans l'eau bouillante.

▼ **AJOUTER** les glaçons et remuer jusqu'à ce que la gelée commence à épaissir, de 3 à 5 minutes. Retirer la glace non fondue.

▼ **INCORPORER** la garniture fouettée dans la gelée. Incorporer délicatement les fruits.

▼ **RÉFRIGÉRER** jusqu'à ce que le mélange épaississe légèrement, environ 15 minutes. Déposer dans la croûte de chapelure. Réfrigérer de 3 à 4 heures.

▼ **AU MOMENT** de servir, garnir de fruits supplémentaires, si désiré.

DONNE 8 portions.

TRUC : on peut congeler la tarte pendant une semaine. Décongeler au réfrigérateur.

Ci-dessus : Tarte aux fruits des champs

▼ ▼ ▼

Gâteau à la mousse au citron avec glace à la framboise

Préparation : 30 minutes   Réfrigération : 4 heures

27	gaufrettes glacées	27
1 paquet	(250 g) de fromage à la crème PHILADELPHIA, ramolli	1 pqt
	Jus et zeste de 1 citron	
2 paquets	(85 g **chacun**) de poudre pour gelée JELL-O au citron	2 pqt
1 ¼ tasse	d'eau bouillante	300 mL
2 tasses	de glaçons	500 mL
4 tasses	de garniture fouettée COOL WHIP, décongelée	1 L
½ tasse	de framboises fraîches	125 mL
1 paquet	(85 g) de poudre pour gelée JELL-O à la framboise	1 pqt
1 tasse	de **chacun** : eau bouillante et glaçons	250 mL

▼ **GRAISSER** un moule à charnière de 9 po (23 cm). Garnir le tour avec les biscuits. Mettre de côté.

▼ **BATTRE** le fromage à la crème dans le grand bol du batteur électrique. Ajouter le jus et le zeste de citron, en battant à basse vitesse jusqu'à ce que le mélange soit homogène.

▼ **FAIRE DISSOUDRE** la poudre pour gelée au citron dans l'eau bouillante. Ajouter les glaçons, en remuant jusqu'à ce que la gelée épaississe légèrement, de 3 à 5 minutes. Retirer la glace non fondue.

▼ **AJOUTER** lentement la gelée au mélange de fromage à la crème, en battant à basse vitesse. Augmenter la vitesse et battre jusqu'à ce que le mélange soit homogène.

▼ **INCORPORER** délicatement la garniture fouettée. Déposer dans le moule préparé. Disposer les framboises sur le dessus et réfrigérer.

▼ **FAIRE DISSOUDRE** la poudre pour gelée à la framboise dans l'eau bouillante; ajouter les glaçons et remuer jusqu'à ce que la gelée épaississe légèrement. Déposer immédiatement sur le gâteau. Réfrigérer 4 heures.

DONNE de 10 à 12 portions.

TRUC : pour un dessert plus léger, utiliser du fromage à la crème léger, de la garniture fouettée COOL WHIP légère et de la poudre pour gelée JELL-O légère à la place des produits réguliers.

À PROPOS DES GLAÇONS

Les glaçons se présentent sous plusieurs formes et grosseurs. Ceci affecte la prise de la gelée quand on utilise la méthode de prise en 30 minutes. Toutes les grosseurs fonctionnent bien, mais la gelée peut être plus ou moins ferme selon la forme choisie.

▼ ▼ ▼ ▼ ▼ ▼ ▼

Terrine aux poires

Préparation : 15 minutes   Réfrigération : 4 heures ou jusqu'au lendemain

2 paquets	(85 g **chacun**) de poudre pour gelée JELL-O au citron	2 pqt
2 tasses	d'eau bouillante	500 mL
1 ½ tasse	d'eau froide	375 mL
1 c. à table	de jus de citron	15 mL
1 boîte	(14 oz/398 mL) de moitiés de poires, égouttées	1 bte
1 paquet	(250 g) de fromage à la crème PHILADELPHIA, ramolli	1 pqt
¼ c. à thé	de gingembre moulu	1 mL

▼ **FAIRE DISSOUDRE** les poudres pour gelée dans l'eau bouillante. Ajouter l'eau froide et le jus de citron. En mesurer 2 tasses (500 mL) et verser dans un moule à pain de 9 x 5 po (23 x 13 cm). Réfrigérer jusqu'à ce que la gelée soit prise sans être ferme (la gelée devrait être collante au toucher), environ 2 heures. Laisser le reste de la gelée à température ambiante.

▼ **ENTRE-TEMPS,** hacher finement les poires et mettre de côté.

▼ **BATTRE** le fromage à la crème jusqu'à ce qu'il soit crémeux. Incorporer très lentement le reste de la gelée en remuant au fouet jusqu'à ce que le mélange soit lisse. Incorporer le gingembre.

▼ **RÉFRIGÉRER** jusqu'à ce que la gelée épaississe légèrement. Incorporer les poires. Déposer sur la gelée dans le moule. Réfrigérer jusqu'à ce que la gelée soit ferme, 4 heures ou jusqu'au lendemain.

▼ **DÉMOULER** sur de la laitue croquante et trancher.

DONNE 10 portions.

TRUC : *si la gelée qui reste devient trop ferme, la chauffer pour la ramollir.*

Salade coucher de soleil

Préparation : 10 minutes   Réfrigération : 4 heures ou jusqu'au lendemain

2 paquets	(85 g **chacun**) de poudre pour gelée JELL-O Orange-Ananas ou au citron	2 pqt
½ c. à thé	de sel	2 mL
1 ½ tasse	d'eau bouillante	375 mL
1 boîte	(14 oz/398 mL) d'ananas broyés avec le jus, non égouttés	1 bte
1 c. à table	de jus de citron	15 mL
1 tasse	de carottes râpées	250 mL

▼ **FAIRE DISSOUDRE** la poudre pour gelée et le sel dans l'eau bouillante. Ajouter les ananas avec le jus et le jus de citron. Réfrigérer jusqu'à ce que la gelée épaississe légèrement, environ 45 minutes.

▼ **INCORPORER** délicatement les carottes. Déposer dans un moule carré de 8 po (20 cm). Réfrigérer jusqu'à ce que la gelée soit ferme, environ 4 heures.

▼ **POUR SERVIR,** tailler en carrés et déposer sur des verdures.

DONNE de 8 à 10 portions.

TRUC : *la salade peut aussi être préparée dans des moules à gelée individuels ou des moules à muffins graissés.*

Ci-contre : Gâteau à la mousse au citron avec glace à la framboise

▼ ▼ ▼

*Ci-dessus : Terrine aux poires,
Salade coucher de soleil.*

▼ ▼ ▼ ▼ ▼ ▼ ▼

Bombe glacée à la banane

Préparation : 15 minutes   Congélation : 4 heures ou jusqu'au lendemain

1 carré	de chocolat mi-sucré BAKER'S, fondu	**1 carré**
2	bananes mûres écrasées	**2**
1 ¼ tasse	de lait froid	**300 mL**
¼ tasse	de rhum ambré	**50 mL**
1 paquet	(format 4 portions) de pouding instantané JELL-O à la vanille	**1 pqt**
1 paquet	(250 g) de fromage à la crème PHILADELPHIA, ramolli	**1 pqt**
2 tasses	de garniture fouettée COOL WHIP, décongelée	**500 mL**

▼ **GARNIR** un grand bol en verre de pellicule plastique. Arroser l'intérieur de chocolat fondu; congeler pour faire prendre

▼ **ÉCRASER** les bananes; mettre de côté.

▼ **DÉPOSER** le lait, le rhum, le mélange pour pouding et le fromage à la crème dans le grand bol du batteur électrique. Battre au batteur électrique à vitesse moyenne jusqu'à ce que le mélange soit lisse. Incorporer les bananes.

▼ **INCORPORER** délicatement la garniture fouettée;

déposer dans le bol préparé. Congeler jusqu'à ce que le mélange soit ferme.

▼ **RETIRER** du congélateur, démouler et retirer la pellicule plastique. Laisser à température ambiante 5 minutes avant de trancher pour servir.

DONNE 8 portions.

TRUC : remplacer le rhum par du jus d'orange, si désiré. On peut recongeler la garniture fouettée COOL WHIP qui reste.

Carrés au fromage, aux cerises et aux amandes

Préparation : 20 minutes   Réfrigération : 2 heures

40	biscuits graham	**40**
2 paquets	(250 g **chacun**) de fromage à la crème PHILADELPHIA, ramollis	**2 pqt**
3 tasses	de lait froid, divisé	**750 mL**
2 paquets	(format 4 portions **chacun**) de pouding instantané JELL-O à la vanille	**2 pqt**
1 c. à thé	d'extrait d'amande	**5 mL**
2 tasses	de garniture fouettée COOL WHIP, décongelée	**500 mL**
1 boîte	(19 oz/540 mL) de garniture pour tarte aux cerises	**1 bte**

▼ **DISPOSER** la moitié des biscuits dans le fond d'un moule de 13 x 9 po (33 x 23 cm), en taillant les biscuits si nécessaire.

▼ **BATTRE** le fromage à la crème au batteur électrique à basse vitesse jusqu'à ce qu'il soit lisse. Ajouter graduellement 1 tasse (250 mL) de lait en battant. Dans un autre bol, déposer le mélange pour pouding, les 2 tasses (500 mL) de lait qui restent et l'extrait d'amande; battre au fouet jusqu'à ce que le mélange soit homogène. Bien incorporer au mélange de fromage à la crème. Incorporer délicatement la garniture fouettée.

▼ **ÉTENDRE** la moitié du mélange de pouding sur les biscuits. Disposer une autre couche de biscuits sur le dessus. Garnir du reste du mélange de pouding.

▼ **CONGELER** 2 heures. Laisser reposer à température ambiante 20 minutes avant de tailler en carrés.

▼ **DÉPOSER** la garniture pour tarte aux cerises sur chaque carré.

DONNE 16 portions.

TRUC : utiliser du pouding au chocolat, si désiré.

▼ ▼ ▼

Ci-dessus : Carrés au fromage, aux cerises et aux amandes et Bombe glacée à la banane

Citrouilles rigolotes

Préparation : 15 minutes   Réfrigération : 30 minutes

1 paquet	(85 g) de poudre pour gelée JELL-O à l'orange juteuse	**1 pqt**
1 tasse	d'eau bouillante	**250 mL**
2 tasses	de crème glacée à la vanille, ramollie	**500 mL**

Bonbons variés

▼ **FAIRE DISSOUDRE** la poudre pour gelée dans l'eau bouillante. Laisser refroidir à température ambiante.

▼ **AJOUTER** la crème glacée par cuillerées, en remuant au fouet jusqu'à ce que le mélange soit lisse.

▼ **VERSER** dans des plats à dessert. Réfrigérer jusqu'à ce que le mélange soit pris, environ 30 minutes.

▼ **FAIRE** des faces de citrouille sur la gelée avec des bonbons.

DONNE 4 portions.

> ***TRUC :*** *décorer de bonbons une heure seulement avant de servir sinon les bonbons vont déteindre.*

Gâteaux aux vers de terre

Préparation : 30 minutes   Réfrigération : 3 heures

24	petits gâteaux blancs	**24**
1 paquet	(85 g) de poudre pour gelée JELL-O Mûre Mûre	**1 pqt**
1 tasse	d'eau bouillante	**250 mL**
2 tasses	de garniture fouettée COOL WHIP, décongelée	**500 mL**

Vers gommeux, chapelure de gaufrettes au chocolat

▼ **DÉPOSER** les petits gâteaux dans des moules à muffins. Percer les petits gâteaux de 3 à 5 fois avec une grosse fourchette à ¼ po (0,5 cm) d'intervalles.

▼ **FAIRE DISSOUDRE** la poudre pour gelée dans l'eau bouillante. Verser délicatement la gelée sur chaque petit gâteau avec une petite cuillère.

▼ **RÉFRIGÉRER** 3 heures. Tremper les moules à muffins dans l'eau tiède 10 secondes; démouler sur

une grande assiette. Glacer de garniture fouettée.

▼ **GARNIR** de vers gommeux et de chapelure pour imiter la « boue ». Conserver les petits gâteaux glacés au réfrigérateur.

DONNE 24 portions.

> ***TRUC :*** *on peut les préparer à l'avance et les congeler 1 semaine.*

▼ ▼ ▼ ▼ ▼ ▼

Eau boueuse

Préparation : 5 minutes

2 tasses	de lait froid	**500 mL**
1 paquet	(85 g) de poudre pour gelée JELL-O Mûre Mûre	**1 pqt**
2 ½ tasses	de crème glacée ou de yogourt glacé à la vanille	**625 mL**

▼ **VERSER** le lait dans le mélangeur. Ajouter la poudre pour gelée et la crème glacée; couvrir.

▼ **MÉLANGER** à haute vitesse, 30 secondes ou jusqu'à ce que le mélange soit lisse.

▼ **VERSER** dans les verres. Servir immédiatement.

DONNE environ 4 tasses (1 L).

Variante :

▼ **UTILISER** de la poudre pour gelée JELL-O, à l'orange juteuse, pour préparer une boisson « à l'acide bouillonnant ».

TRUC : *pour obtenir des verres « givrés », les déposer au congélateur ½ heure avant de les remplir.*

Ci-contre : Citrouilles rigolotes

▼ ▼ ▼

Ci-dessus : Gâteaux aux vers de terre et Eau boueuse

Ci-dessus : Carrés du cimetière

▼ ▼ ▼ ▼ ▼ ▼ ▼

Carrés du cimetière

Préparation : 30 minutes   Réfrigération : 2 heures ou jusqu'au lendemain

2 ½ tasses	de chapelure de gaufrettes au chocolat, divisée	**625 mL**
⅓ tasse	de beurre fondu	**75 mL**
2 paquets	(85 g **chacun**) de poudre pour gelée JELL-O à l'orange juteuse	**2 pqt**
1 ½ tasse	d'eau bouillante	**375 mL**
¾ tasse	de jus d'orange	**175 mL**
	Glaçons	
4 tasses	(1 L) de garniture fouettée COOL WHIP, décongelée	**1 L**
	Décorations : biscuits rectangulaires variés, gels à écrire, noix de coco colorée et bonbons	

▼ **MÉLANGER** 2 tasses (500 mL) de chapelure de biscuits avec le beurre fondu; presser fermement dans le fond d'un moule de 13 x 9 po (33 x 23 cm).

▼ **FAIRE DISSOUDRE** la poudre pour gelée dans l'eau bouillante. Mélanger le jus d'orange et assez de glaçons pour obtenir 1 ¾ tasse (425 mL). Ajouter à la gelée, en remuant jusqu'à ce que la glace soit presque fondue. Retirer la glace non fondue. Verser dans la croûte. Réfrigérer jusqu'à ce que la gelée épaississe légèrement, environ 1 ¼ heure.

▼ **GARNIR** de garniture fouettée.

▼ **PARSEMER** ½ tasse (125 mL) de chapelure de biscuits qui reste sur la garniture fouettée. Décorer les biscuits de gels à écrire pour faire des « pierres tombales » et placer debout sur le dessert avec la noix de occo et les bonbons pour imiter un cimetière. Tailler en carrés.

DONNE de 15 à 18 portions.

TRUC : les petits tubes de gels à écrire sont parfaits pour écrire sur les biscuits; on les trouve dans la plupart des épiceries.

Araignées géantes

Préparation : 15 minutes   Réfrigération : 2 heures

2 paquets	(85 g **chacun**) de poudre pour gelée JELL-O Mûre Mûre	**2 pqt**
1 ¼ tasse	d'eau bouillante	**300 mL**
6	gobelets en carton de 3 oz (85 mL)	**6**
	Bonbons à la réglisse ou autres bonbons décoratifs Cordons de réglisse en morceaux de 3 po (7,5 cm)	

▼ **FAIRE DISSOUDRE** la poudre pour gelée dans l'eau bouillante, en remuant jusqu'à ce qu'elle soit complètement dissoute, environ 2 minutes. Verser dans les gobelets.

▼ **RÉFRIGÉRER** jusqu'à ce que la gelée soit ferme, au moins 2 heures.

▼ **DÉTACHER** soigneusement les gobelets de la gelée. Tailler une mince tranche du côté long pour

empêcher « l'araignée » de rouler. Insérer 3 morceaux de réglisse de chaque côté de l'araignée pour les pattes; placer des bonbons à la réglisse sur le dessus pour les yeux.

DONNE 6 araignées.

TRUC : pour une fête d'enfants, laisser les enfants aider à décorer leur propre « araignée ».

▼ ▼ ▼

Ci-dessus : Araignées géantes

Bouillon de sorcière

Préparation : 15 minutes   Réfrigération : 2 heures

Main

2 paquets	(85 g **chacun**) de poudre pour gelée JELL-O Mûre Mûre	**2 pqt**
1 ½ tasse	d'eau bouillante	**375 mL**

Yeux

1 paquet	(85 g) de poudre pour gelée JELL-O à l'orange juteuse	**1 pqt**
¾ tasse	d'eau bouillante	**175 mL**
¼ tasse	de bleuets entiers	**50 mL**

Préparation pour boisson KOOL-AID à l'orange terrifiante, préparée

MAIN :

▼ **FAIRE DISSOUDRE** la poudre pour gelée dans l'eau bouillante, en remuant jusqu'à ce qu'elle soit complètement dissoute, environ 2 minutes.

▼ **VERSER** dans un moule graissé de 8 po (20 cm).

▼ **RÉFRIGÉRER** jusqu'à ce que la gelée soit ferme, environ 2 heures.

▼ **TRACER** le contour d'une petite main sur du papier. Découper le patron et placer sur la gelée prise. À l'aide d'un couteau, couper autour du patron. Retirer soigneusement la « main » du moule.

▼ **DÉPOSER** la « main » dans le bol à punch; laisser les « doigts » pendre sur les côtés du bol.

YEUX :

▼ **FAIRE DISSOUDRE** la poudre pour gelée dans l'eau bouillante, en remuant jusqu'à ce qu'elle soit complètement dissoute, environ 2 minutes.

▼ **VERSER** dans des bacs à glaçons ronds ou carrés. Réfrigérer jusqu'à ce que la gelée soit partiellement prise. Enfoncer un bleuet au centre de chaque oeil en gelée; déposer au réfrigérateur jusqu'à ce que la gelée soit complètement prise.

▼ **DISPOSER** les « yeux » autour du bord à l'intérieur du bol à punch.

▼ **AJOUTER** la boisson à l'orange préparée.

DONNE de 10 à 12 portions.

> **TRUC :** *utiliser le reste de la gelée noire pour faire des « doigts » individuels ou la couper en morceaux et servir avec des fruits frais.*

Ci-dessus : Bouillon de sorcière

▼ ▼ ▼

Les classiques

Dessert aux joyaux de la couronne

Préparation : 40 minutes   Réfrigération : 4 heures ou jusqu'au lendemain

1 paquet	(85 g **chacun**) de poudre pour gelée JELL-O à la lime et à la fraise	**1 pqt**
1 paquet	(85 g) de poudre pour gelée JELL-O Fraise-Kiwi	**1 pqt**
3 tasses	d'eau bouillante	**750 mL**
1 ½ tasse	d'eau froide	**375 mL**
1 paquet	(125 g/4,4 oz) de boudoirs de la pâtisserie	**1 pqt**
2 tasses	de garniture fouettée COOL WHIP, décongelée	**500 mL**

▼ **PRÉPARER** la gelée à la lime et la gelée à la fraise séparément, comme indiqué sur l'emballage, en réduisant l'eau **froide** à ½ tasse (125 mL) pour **chacune**. Verser **chacune** dans un moule carré de 8 po (20 cm). Réfrigérer pour faire prendre, environ 1 heure.

▼ **PRÉPARER** la gelée Fraise-Kiwi comme indiqué sur l'emballage, en réduisant l'eau froide à ½ tasse (125 mL). Réfrigérer jusqu'à ce que la gelée épaississe légèrement.

▼ **COUPER** un des bouts de chaque biscuit pour égaliser au bord du moule. Garnir les côtés d'un moule à charnière de 9 po (23 cm) avec les biscuits coupés. (Voir truc ci-dessous.)

▼ **INCORPORER** délicatement la garniture fouettée dans la gelée Fraise-Kiwi légèrement épaissie; ajouter délicatement les gelées verte et rouge, coupées en cubes de ½ po (1 cm).

▼ **DÉPOSER** avec soin dans le moule. Réfrigérer pour faire prendre, environ 4 heures ou jusqu'au lendemain.

DONNE 12 portions.

> *TRUCS : NE PAS ajouter de kiwis frais à la gelée sinon la gelée ne prendra pas. Utiliser ses saveurs préférées de JELL-O pour créer sa combinaison favorite, si désiré.*

À PROPOS DES BOUDOIRS

Ces biscuits se présentent sous plusieurs formes. Ils s'utilisent indifféremment dans les recettes.

1. Boudoirs géants : un biscuit mou que l'on trouve au rayon des biscuits de l'épicerie. Ils sont vendus vendus en emballages de 150 g (5,3 oz).

2. Boudoirs de la pâtisserie : on les trouve au rayon de la pâtisserie de l'épicerie. Ils sont mous. L'emballage contient habituellement 24 biscuits.

3. Biscuits enrobés de sucre (biscuits champagne) : on les trouve au rayon de la pâtisserie ou des biscuits de l'épicerie. Ils sont croquants. Ils sont vendus en emballages de 24, environ 400 g.

4. Gaufrettes glacées : on les trouve au rayon des biscuits de l'épicerie, dans les saveurs de vanille, chocolat et fraises. Elles sont vendues en emballages de 200 g contenant 21 gaufrettes.

Ci-contre : Dessert aux joyaux de la couronne

Ci-dessus : Gâteau arc-en-ciel pour célébrer

▼ ▼ ▼ ▼ ▼ ▼ ▼

Gâteau arc-en-ciel pour célébrer

Préparation : 10 minutes   Cuisson : 30 minutes   Réfrigération : 4 heures

1 paquet	(format 2 étages) de préparation pour gâteau blanc	**1 pqt**
2 paquets	(85 g **chacun**) de poudre pour gelée JELL-O, deux saveurs au choix	**2 pqt**
2 tasses	d'eau bouillante	**500 mL**
4 tasses	de garniture fouettée COOL WHIP, décongelée	**1 L**
	Noix de coco en flocons, grillée (facultatif)	
	Bonbons gommeux (facultatif)	

▼ **GARNIR** le fond et graisser les côtés de 2 moules à gâteau de 9 po (23 cm).

▼ **PRÉPARER** et cuire la préparation pour gâteau comme indiqué sur l'emballage.

▼ **LAISSER** refroidir dans les moules 15 minutes; ne pas démouler.

▼ **FAIRE DISSOUDRE** chaque paquet de gelée séparément dans 1 tasse (250 mL) d'eau bouillante.

▼ **PIQUER** les gâteaux à la fourchette, à intervalles de ½ po (1 cm).

▼ **ARROSER** un étage de gâteau d'une saveur de gelée. Répéter avec le deuxième étage de gâteau et l'autre saveur de gelée. Réfrigérer 4 heures.

▼ **DÉMOULER** un gâteau sur une assiette de service, couvrir d'un peu de garniture fouettée. Démouler l'autre gâteau sur le premier. Glacer le dessus et les côtés avec le reste de la garniture fouettée. Parsemer de noix de coco et garnir de bonbons gommeux aplatis, si désiré. Réfrigérer.

▼ **DONNE** 10 portions.

TRUC : aplatir les bonbons avec un rouleau à pâte. Couper en forme de pétales de fleur. En rouler une pour faire un bourgeon serré. Ajouter 2 ou 3 pétales autour du centre pour faire une fleur. Couper des bonbons gommeux verts pour faire la tige et les feuilles.

Ruban arc-en-ciel

Préparation : 3 heures   Réfrigération : 4 heures ou jusqu'au lendemain

5 paquets	(85 g **chacun**) de poudre pour gelée JELL-O, 5 saveurs différentes au choix	**5 pqt**
6 ¼ tasses	d'eau bouillante	**1,55 L**
1 tasse	de crème sure, de yogourt nature ou de crème glacée à la vanille	**250 mL**

▼ **FAIRE DISSOUDRE** 1 paquet de poudre pour gelée dans 1 ¼ tasse (300 mL) de l'eau bouillante.

▼ **VERSER** ¾ tasse (175 mL) de la gelée dans un moule en couronne de 8 tasses (2 L). Réfrigérer jusqu'à ce que la gelée soit prise sans être ferme, de 20 à 25 minutes.

▼ **RÉFRIGÉRER** le reste de la gelée dans un bol jusqu'à ce qu'elle épaississe légèrement; incorporer graduellement 3 c. à table (45 mL) de crème sure. Déposer sur la gelée dans le moule. Réfrigérer jusqu'à ce qu'elle soit prise sans être ferme, de 20 à 25 minutes.

▼ **RÉPÉTER** avec le reste des saveurs de gelée.

▼ **RÉFRIGÉRER** jusqu'à ce que la gelée soit prise, environ 4 heures ou jusqu'au lendemain.

▼ **POUR DÉMOULER,** tremper le moule dans l'eau tiède pendant environ 10 secondes. Détacher doucement la gelée des bords du moule avec les doigts mouillés. Placer une assiette de service mouillée sur le dessus du moule. Retourner le moule et l'assiette; en tenant le moule et l'assiette ensemble, secouer légèrement pour dégager. Retirer doucement le moule et centrer la gelée sur l'assiette.

▼ **DONNE** 12 portions.

TRUC : utiliser un fouet métallique pour ajouter la crème sure et obtenir un mélange plus lisse.

▼ ▼ ▼

▼ ▼ ▼ ▼ ▼ ▼

Dessert de pêches Melba

Préparation : 1 ½ heure   Réfrigération : 4 heures ou jusqu'au lendemain

1 paquet	(85 g) de poudre pour gelée JELL-O à la framboise	**1 pqt**
2 tasses	d'eau bouillante, divisée	**500 mL**
1 ½ tasse	de crème glacée à la vanille, ramollie	**375 mL**
1 paquet	(85 g) de poudre pour gelée JELL-O à la pêche ou au citron	**1 pqt**
¾ tasse	d'eau froide	**175 mL**
1 boîte	(14 oz/398 mL) de pêches tranchées égouttées	**1 bte**
½ tasse	de framboises fraîches ou surgelées, décongelées	**125 mL**

▼ **FAIRE DISSOUDRE** la poudre pour gelée à la framboise dans 1 tasse (250 mL) d'eau bouillante. Incorporer des cuillerées de crème glacée avec un fouet et remuer jusqu'à ce que la crème glacée soit fondue et que le mélange soit lisse. Déposer dans un bol de service en verre de 6 tasses (1,5 L). Réfrigérer jusqu'à ce que la gelée soit prise sans être ferme, environ 2 heures.

▼ **ENTRE-TEMPS,** faire dissoudre la poudre pour gelée à la pêche dans 1 tasse (250 mL) d'eau bouillante qui reste. Ajouter l'eau froide. Réfrigérer jusqu'à ce que la

gelée épaississe légèrement, environ 1 ¼ heure.

▼ **DISPOSER** les tranches de pêches et les framboises sur la couche de crème glacée dans le bol. Déposer délicatement la gelée à la pêche sur les fruits. Réfrigérer jusqu'à ce que la gelée soit prise, environ 4 heures ou jusqu'au lendemain.

DONNE 10 portions.

TRUC : *la gelée à la pêche doit avoir la consistance de blanc d'oeuf avant de la déposer sur les fruits; l'ajouter lentement. Ceci empêchera les fruits de flotter.*

Ci-dessus : Dessert de pêches Melba

▼ ▼ ▼

De gauche à droite : Dessert aux fraises
Romanoff, Bulle de melon

▼ ▼ ▼ ▼ ▼ ▼

Bulle de melon

Préparation : 10 minutes   Réfrigération : 30 minutes

1 paquet	(85 g) de poudre pour gelée JELL-O Fiesta de fruits ou au citron	**1 pqt**
1 tasse	d'eau bouillante	**250 mL**
2 tasses	de glaçons	**500 mL**
1 tasse	de boules de melon	**250 mL**

▼ **PRÉPARER** la gelée comme indiqué dans la méthode de prise en 30 minutes sur l'emballage. Réserver ²/₃ tasse (150 mL) de gelée légèrement épaissie.

▼ **AJOUTER** les boules de melon dans le reste de la gelée; déposer dans des plats à desserts.

▼ **BATTRE** la gelée réservée au batteur électrique jusqu'à ce qu'elle soit mousseuse et qu'elle ait doublé de volume. Déposer sur les fruits en gelée dans les plats.

▼ **RÉFRIGÉRER** jusqu'à ce que la gelée soit prise, environ 30 minutes.

DONNE 4 portions.

TRUC : pour de meilleurs résultats quand on bat la gelée, placer dans une tasse à mesurer en Pyrex de 4 tasses (1 L) et battre à haute vitesse.

Dessert aux fraises Romanoff

Préparation : 30 minutes   Réfrigération : 4 heures ou jusqu'au lendemain

2 paquets	(85 g chacun) de poudre pour gelée JELL-O à la fraise	**2 pqt**
2 tasses	d'eau bouillante	**500 mL**
3 c. à table	de liqueur d'orange ou de jus d'orange	**45 mL**
½ tasse	d'eau froide	**125 mL**
2 tasses	de garniture fouettée COOL WHIP, décongelée	**500 mL**
1 paquet	(300 g) de fraises non sucrées surgelées, décongelées (ne pas égoutter)	**1 pqt**

▼ **FAIRE DISSOUDRE** les 2 paquets de poudre pour gelée dans l'eau bouillante. Mettre de côté 1 ¼ tasse (300 mL) de gelée; ajouter les fraises non égouttées. Dans le reste de la gelée, ajouter la liqueur et l'eau froide. Réfrigérer jusqu'à ce que la gelée épaississe légèrement, environ 1 ¼ heure.

▼ **INCORPORER** délicatement la garniture fouettée dans la gelée refroidie. Verser dans un bol de service en verre de 6 tasses (1,5 L). Déposer délicate-ment le mélange de gelée réservé sur la couche dans le bol. Réfrigérer jusqu'à ce que le dessert soit pris, environ 4 heures ou jusqu'au lendemain.

DONNE 8 portions.

TRUC : pour des framboises Romanoff, utiliser de la poudre pour gelée JELL-O à la framboise et des framboises entières surgelées. On peut doubler la recette.

▼ ▼ ▼

Ci-dessus : Charlotte au citron
avec sauce aux framboises

Charlotte au citron avec sauce aux framboises

Préparation : 40 minutes   Réfrigération : 4 heures ou jusqu'au lendemain

Charlotte au citron :

1 ½ paquet	(3 oz/85 g **chacun**) de boudoirs*	**1 ½ pqt**
1 paquet	(113 g) de garniture pour tarte au citron JELL-O	**1 pqt**
1 paquet	(250 g) de fromage à la crème PHILADELPHIA, ramolli	**1 pqt**
1 sachet	(7 g) de gélatine sans saveur	**1 sachet**
2 c. à table	de jus de citron	**25 mL**
1 c. à thé	de zeste de citron râpé	**5 mL**
2 tasses	de garniture fouettée COOL WHIP, décongelée	**500 mL**

* ou utiliser 2 paquets (200 g chacun) de rouleaux suisses aux framboises, tranchés

Sauce aux framboises :

1 paquet	(300 g) de framboises non sucrées surgelées, décongelées	**1 pqt**
¹/₃ tasse	de sucre granulé	**75 mL**

CHARLOTTE AU CITRON :

▼ **DISPOSER** les boudoirs sur les côtés et dans le fond d'un moule à charnière de 9 po (23 cm). (Se référer à la page 115 pour les trucs sur les boudoirs.) (Si désiré, badigeonner les boudoirs de xérès avant de les placer dans le moule.)

▼ **PRÉPARER** le mélange à garniture pour tarte au citron comme indiqué sur l'emballage, en réservant les blancs d'œufs. Battre le fromage à la crème jusqu'à ce qu'il soit léger et mousseux. Ajouter la garniture au citron chaude; bien mélanger.

▼ **SAUPOUDRER** la gélatine sur le jus de citron; laisser reposer 5 minutes. Incorporer la garniture au citron chaude avec le zeste de citron. Couvrir la surface d'une pellicule plastique; réfrigérer pour faire refroidir mais ne pas laisser prendre, environ 30 minutes.

▼ **BATTRE** les blancs d'œufs jusqu'à formation de pics fermes; incorporer délicatement à la garniture fouettée. Remuer le mélange au citron avec un fouet jusqu'à ce qu'il soit lisse. Incorporer délicatement au mélange de garniture fouettée. Déposer dans le moule préparé.

▼ **RÉFRIGÉRER** au moins 4 heures ou jusqu'au lendemain. Garnir de lanières de zeste de citron confit, si désiré. Servir avec la sauce aux framboises.

DONNE de 10 à 12 portions.

SAUCE AUX FRAMBOISES :

▼ **MÉLANGER** les framboises et le sucre. Chauffer à feu moyen jusqu'à ébullition. Retirer du feu. Passer au tamis pour retirer les graines, si désiré. Réfrigérer.

TRUC : pour faire le zeste confit - Retirer le zeste d'un citron . Couper en fines lanières. Couvrir le zeste d'eau froide. Porter à ébullition; égoutter l'eau. Répéter le procédé 3 fois. Mélanger ½ tasse (125 mL) d'eau et ¼ tasse (50 mL) de sucre dans une casserole. Porter à ébullition. Ajouter les lanières de zeste. Laisser mijoter jusqu'à ce que les lanières soient transparentes. Retirer du sirop et placer sur du papier ciré. Décorer le dessus du gâteau avec le zeste.

Flan aux fruits des grands jours

Préparation : 30 minutes   Cuisson : 12 minutes   Réfrigération : 3 heures

1 tasse	de farine tout usage	**250 mL**
2 c. à table	de sucre à glacer	**25 mL**
½ tasse	de beurre	**125 mL**
1 paquet	(format 6 portions) de pouding et garniture pour tarte JELL-O à la vanille	**1 pqt**
2 ½ tasses	de lait	**625 mL**
	Choix de fruits frais ou en conserve (fraises, pêches, abricots, poires, raisins, mandarines, bleuets)	
½ tasse	de confiture d'abricots KRAFT	**125 mL**
1 c. à table	de jus de citron	**15 mL**
1 c. à table	de liqueur d'orange ou de jus d'orange	**15 mL**

▼ **TAMISER** la farine et le sucre à glacer ensemble dans un bol à mélanger. Couper le beurre dans le mélange pour obtenir de gros grumeaux. Former en boule. Réfrigérer 30 minutes. Presser fermement dans le fond et sur les côtés d'un moule à flan ou à tarte de 9 po (23 cm). Cuire au four à 425 °F (220 °C), de 10 à 12 minutes ou jusqu'à ce que le dessus soit doré. Laisser refroidir dans le moule.

▼ **PRÉPARER** le pouding avec le lait comme indiqué sur l'emballage. Placer une pellicule plastique sur la surface du pouding; réfrigérer 30 minutes.

▼ **REMUER** le pouding refroidi avec un fouet jusqu'à ce qu'il soit lisse. Verser dans la croûte.

▼ **DISPOSER** les fruits joliment pour couvrir la surface du pouding.

▼ **CHAUFFER** la confiture d'abricots, le jus de citron et la liqueur à feu doux jusqu'à ce que la confiture soit fondue. Retirer du feu et passer au tamis. Laisser refroidir légèrement et déposer sur les fruits.

▼ **RÉFRIGÉRER** jusqu'à ce que le tout soit pris, environ 3 heures. Démouler et servir.

DONNE 8 portions.

TRUC : pour mélanger plus facilement, on peut préparer la pâte au robot culinaire.

Ci-dessus : Flan aux fruits des grands jours

▼ ▼ ▼

Tarte légère et fruitée aux framboises

Préparation : 20 minutes   Réfrigération : 3 heures

1 paquet	(85 g) de poudre pour gelée JELL-O à la framboise	**1 pqt**
²/₃ tasse	d'eau bouillante	**150 mL**
2 tasses	de glaçons	**500 mL**
4 tasses	de garniture fouettée COOL WHIP, décongelée	**1 L**
1 tasse	de framboises fraîches ou surgelées, décongelées et égouttées	**250 mL**
1	croûte de chapelure graham préparée de 9 po (23 cm)	**1**

▼ **FAIRE DISSOUDRE** la poudre pour gelée dans l'eau bouillante. Ajouter les glaçons et remuer jusqu'à ce que la gelée commence à épaissir, de 3 à 5 minutes. Retirer la glace non fondue.

▼ **INCORPORER** délicatement la garniture fouettée, en remuant au fouet jusqu'à ce que le mélange soit lisse. Incorporer délicatement les framboises.

Réfrigérer jusqu'à ce que le mélange épaississe légèrement, environ 15 minutes.

▼ **DÉPOSER** dans la croûte. Réfrigérer 3 heures.

DONNE 8 portions.

> *TRUC : le fouet métallique fonctionne bien pour mélanger la gelée à la garniture fouettée.*

Ci-dessus : Tarte légère et fruitée aux framboises

▼ ▼ ▼ ▼ ▼ ▼ ▽

Salade étagée à l'ananas

Préparation : 15 minutes   Réfrigération : 4 heures ou jusqu'au lendemain

1 paquet	(85 g) de poudre pour gelée JELL-O au citron	**1 pqt**
4 tasses	d'eau bouillante, divisée	**1 L**
1 tasse	de guimauves miniatures	**250 mL**
1 paquet	(250 g) de fromage à la crème PHILADELPHIA, ramolli	**1 pqt**
2 tasses	de garniture fouettée COOL WHIP, décongelée	**500 mL**
1 boîte	(14 oz/398 mL) d'ananas broyés égouttés	**1 bte**
½ tasse	de noix de Grenoble, hachées	**125 mL**
2 paquets	(85 g **chacun**) de poudre pour gelée JELL-O à la fraise	**2 pqt**

▼ **FAIRE DISSOUDRE** la poudre pour gelée au citron dans 1 tasse (250 mL) d'eau bouillante; laisser refroidir légèrement. Ajouter les guimauves et le fromage à la crème. Battre au batteur électrique à basse vitesse jusqu'à ce que le mélange soit lisse; réfrigérer jusqu'à ce que la gelée épaississe légèrement.

▼ **INCORPORER** la garniture fouettée, les ananas et les noix de Grenoble à la gelée partiellement prise. Déposer dans un bol profond de 2 pintes (2 L). Réfrigérer jusqu'à ce que la gelée soit prise sans être ferme, environ 1 heure.

▼ **FAIRE DISSOUDRE** les poudres pour gelée à la fraise dans les 3 tasses (750 mL) d'eau bouillante qui restent; laisser refroidir.

▼ **VERSER** la gelée refroidie sur le mélange de fromage à la crème et de citron, et réfrigérer jusqu'à ce que la gelée soit prise, environ 4 heures ou jusqu'au lendemain.

DONNE de 10 à 12 portions.

TRUC : une superbe recette de réception. Éliminer les noix, si désiré.

Ci-dessus : Salade étagée à l'ananas

▼ ▼ ▼

INDEX

▼ ▼ ▼ ▼ ▼ ▼ ▼

▼ ▼ ▼